U1013310

人工智能与智能教育丛书　袁振国 / 主编

宫学庆　著

BLOCKCHAIN TECHNOLOGY

区块链技术

教育科学出版社
·北　京·

出 版 人　郑豪杰
责任编辑　刘明堂
版式设计　私书坊　沈晓萌
责任校对　马明辉
责任印制　叶小峰

图书在版编目（CIP）数据

区块链技术 / 宫学庆著. —北京：教育科学出版社，2022.6（2023.9重印）
（人工智能与智能教育丛书 / 袁振国主编）
ISBN 978-7-5191-3045-9

Ⅰ. ①区…　Ⅱ. ①宫…　Ⅲ. ①区块链技术　Ⅳ. ①F713.361.3

中国版本图书馆CIP数据核字（2022）第062823号

人工智能与智能教育丛书
区块链技术
QUKUAILIAN JISHU

出版发行	教育科学出版社		
社　　址	北京·朝阳区安慧北里安园甲9号	邮　　编	100101
总编室电话	010-64981290	编辑部电话	010-64981167
出版部电话	010-64989487	市场部电话	010-64989009
传　　真	010-64891796	网　　址	http://www.esph.com.cn
经　　销	各地新华书店		
制　　作	北京思瑞博企业策划有限公司		
印　　刷	唐山玺诚印务有限公司		
开　　本	720毫米×1020毫米　1/16	版　　次	2022年6月第1版
印　　张	7.75	印　　次	2023年9月第2次印刷
字　　数	82千	定　　价	49.00元

图书出现印装质量问题，本社负责调换。

丛书序言

人类已经进入智能时代。以互联网、大数据、云计算、区块链特别是人工智能为代表的新技术、新方法，正深刻改变着人类的生产方式、通信方式、交往方式和生活方式，也深刻改变着人类的教育方式、学习方式。

人类第三次教育大变革即将到来

3000年前，学校诞生，这是人类第一次教育大变革。人类开启了有目的、有计划、有组织的文明传递历史进程，知识被有效地组织起来，文明进程大大提速。但能够接受学校教育的人数在很长时间里只占总人口数的几百分之一甚至几千分之一，古代学校教育是极为小众的精英教育。

300年前，工业革命到来。工业化生产向每个进入社会生产过程的人提出了掌握现代科学知识的要求，也为提供这种知识的教育创造了条件，这导致以班级授课制为基础的现代教育制度诞生。这是人类第二次教育大变革。班级授课制极大地提高了教育效率，使得大规模、大众化教育得以实现。但是，这种教育也让人类付出了沉重的代价，人类教育从此走上了标准化、统一化、单一化道路，答案标准、节奏统一、内容单一，极大地限制了人的个性化和自由性发展。尽管几百年来人们进行了各种努力，力图通过学分制、选修制、弹性授课制等多种方式缓解和抵消标准化班级授课制带来的弊端，但总的说来只是杯水车薪，收效甚微。

今天，网络化、数字化特别是智能化，为实现大规模个性化教育提供了可能，为人类第三次教育大变革创造了条件。

人工智能助力实现教育个性化的关键是智适应学习技术，它通过构建揭示学科知识内在关系的知识图谱，测量和诊断学习者的已有水平，跟踪学习者的学习过程，收集和分析学习者的学习数据，形成个性化的学习画像，为学习者提供个性化的学习方案，推送最合适的学习资源和学习路径。在反复测量、推送、跟踪学习、反馈的过程中，把握学习者的最近发展区[①]，为每个人提供最适合的学习内容和学习方式，激发学习者的学习兴趣和学习热情，使学习者获得成就感、增强自信心。

智能教育将是未来十年人工智能发展的“风口”

人工智能正在加速发展。从人工智能概念的提出，到

① 最近发展区理论是由苏联教育家维果茨基（Lev Vygotsky）提出的儿童教育发展观。他认为学生的发展有两种水平：一种是学生的现有水平，指独立活动时所能达到的解决问题的水平；另一种是学生可能的发展水平，也就是通过教学所获得的潜力。两者之间的差异就是最近发展区。教学应着眼于学生的最近发展区，为学生提供带有难度的内容，调动学生的积极性，使其发挥潜能，超越最近发展区而达到下一发展阶段的水平。

人工智能的大规模运用，花费了50年的时间。而从深蓝（Deep Blue）到阿尔法狗（AlphaGo），再到阿尔法虎（AlphaFold），人工智能实现三步跨越只用了22年时间。

1997年5月，IBM的电脑深蓝在一场著名的人机对弈中首次击败了国际象棋大师加里·卡斯帕罗夫（Garry Kasparov），证明了人工智能在某些情况下有不弱于人脑的表现。深蓝的主要工作原理是用穷举法，列举所有可能的象棋走法，并利用为加速搜索过程专门设计的“象棋芯片”，采用并行搜索策略进一步加速，在搜索广度和速度上战胜了人类。

2016年3月，谷歌机器人阿尔法狗第一次击败职业围棋高手李世石。阿尔法狗的主要工作原理是“深度学习”。深度学习（deep learning）是一种复杂的机器学习算法，它试图模仿人脑的神经网络建立一个类似的学习策略，进行多层的人工神经网络和网络参数的训练。上一层神经网络会把大量矩阵数字作为输入，通过非线性加权和激活函数运算，输出另一个数据集合，该集合作为下一层神经网络的输入，反复迭代构成一个“深度”的神经网络结构。深度学习本质上是通过大数据训练出来的智能，其最终目标是让机器能够像人一样具有分析学习能力，能够识别文字、图像和声音等数据。

2019年谷歌的阿尔法虎可以仅根据基因“代码”来预测生成蛋白质3D形状。蛋白质是生命存在的基础，和细胞组成内容息息相关。蛋白质的功能取决于它的3D结构，通过把基因序列转化为氨基酸序列，绘制出蛋白质最终的形状，是科学家一直在研究和探讨的前沿科学问题。一旦研究得出结果，将帮助我们解开生命的奥秘。阿尔法虎的工作原理是使用数千个已知的蛋白质来训练一个深度神经网络，利用该神经网络来预测未知蛋白质结构的一些关键参数，如氨基酸对之间的距离、连接这些氨基酸的化学键及它们之间的角度等，从而发现蛋白质的3D结构。

深蓝是经典人工智能的一次巅峰表演，通过算法与硬件的最佳结合，将传统人工智能方法发挥到极致；阿尔法狗是新兴的深度学习技术最具成就的一次展示，是人工智能技术的一次质的飞跃；阿尔法虎则是新兴深度学习技术在应用上的一次突破，超乎想象地完成了人难以完成的蛋白质结构学习这个生命科学领域的前沿问题。从深蓝到阿尔法狗用了近20年时间，从阿尔法狗到阿尔法虎只用了3年时间。人工智能技术更新迭代的速度越来越快，人工智能应用场景也从棋类等高级智力游戏向生物医学等科学前沿转变，这将从方方面面影响甚至改变人类生活。随着人工智能从感知智能向认知智能发展，从数据驱动向知识与数据联合驱动跃进，人工智能的可信度、可解释性不断提高，应用的广度和深度无疑将会得到难以想象的拓展。

教育是人工智能应用的最重要和最激动人心的场景之一，正在成为人工智能的下一个“风口”。国家主席习近平向2019年在北京召开的国际人工智能与教育大会所致贺信中指出：“中国高度重视人工智能对教育的深刻影响，积极推动人工智能和教育深度融合，促进教育变革创新，充分发挥人工智能优势，加快发展伴随每个人一生的教育、平等面向每个人的教育、适合每个人的教育、更加开放灵活的教育。”同年10月，中共十九届四中全会通过了《中共中央关于坚持和完善中国特色社会主义制度推进国家治理体系和治理能力现代化若干重大问题的决定》，明确提出在构建服务全民终身学习的教育体系中，应发挥网络教育和人工智能优势，创新教育和学习方式，加快发展面向每个人、适合每个人、更加开放灵活的教育体系。把握历史机遇，抢占人工智能高地，引领人类第三次教育变革，时不我待。

智能教育前景无限、任重道远

人工智能在教育场景的应用，与工业、金融、通信、交通等场景不同，与医疗、司法、娱乐等场景也有显著的不同，它作用的对象是人，是人的思想、感情、人格，因而不仅仅要提高效率、赋能教育，更要关注教育的特殊性，重塑教育。但到目前为止，人工智能在教育中的运用尚停留于教育的传统场景，是以技术为中心，是对现有教育效能的强化，对现有教育效率的提高。至于现有教育效能是否需要强化，现有教育效率是否需要提高，尚缺乏思考，更缺少技术应对。我把目前这种状态称为“人工智能＋教育”。而我们更需要的是基于促进人的发展的需要的智能教育，是以人的发展为中心，以遵循教育规律为旨归，它不仅赋能教育，更是重塑教育，是创设新的教育场景，促进教育的变革，促进人的自由的、自主的、有个性的发展，我把它称为“教育＋人工智能”。

智适应学习的研究和运用目前也尚处于知识教学的层面，与全面育人的理念和教育功能相差甚远。从知识学习拓展到能力养成、情感价值熏陶，是更大的目标和更大的挑战。研发 3D 智适应学习系统，即通过知识图谱、认知图谱、情感图谱的整体开发，实现知识、能力、情感态度教育的一体化，提供有温度的智能教育个性化学习服务。促进学习者快学、乐学、会学，促进学习者成长、成功、成才，是“教育 + 人工智能”的出发点，也是华东师范大学上海智能教育研究院的追求目标。

培养智能素养，实现人机协同

人工智能不仅正进入各行各业，深刻改变所有行业的面貌，而且影响到我们每个人的生活；不仅为智能教育的发展创造了条件，也提出了提高教师运用智能教育技术改进教学方式的能力的要求，提出了提高全民智能素养的要求。关键的一点是学会人机协同。在智能时代，能否人机互动、人机协同，直接关系到一个人的工作效能，关系到学生学习、教师教学的效能和价值，也关系到每个人的生活能力和生活质量。对全体国民来说，提高智能素养，了解人工智能的基本原理、功能和产品使用，就如同工业革命到来以后，了解现代科学的知识一样，已成为每个公民的必备能力和基本素养。为此，我们组织编写了这套“人工智能与智能教育丛书”。

本丛书聚焦人工智能关键技术和方法，及其在教育场景应用的潜在机会与挑战，提出智能教育的未来发展路径。

为了编写这套丛书，我们组建了多学科交叉的研究团队，吸纳了计算机科学、软件工程、数据科学、心理科学、脑科学与教育科学学者共同参与和紧密结合，以人工智能关键技术为牵引，以教育场景应用为落脚点，力图系统解读人工智能关键技术的发展历史、理论基础、技术进展、伦理道德、运用场景等，分析在教育场景中的应用形式和价值。

本丛书定位于高水平科学普及，人人需看；秉持基础性、可靠性、生动性，从读者立场出发，理论联系实际，技术结合场景，力图通俗易懂、生动活泼，通过故事、案例的讲述，深入浅出、图文并茂地讲清原理、技术、应用和前景，希望人人爱看。

组织和参与这样一个跨越多学科的工程，对我们来说还是第一次尝试，由于经验和能力有限，从丛书整体策划到每一分册的写作，一定都存在许多不足甚至错误，诚恳希望读者、专家提出批评和改进建议。我们将不断更新迭代，使之不断完善。

华东师范大学上海智能教育研究院院长　袁振国

2021 年 5 月

目　　录

一 区块链简史

区块链技术诞生自加密数字货币系统的发展，最早的区块链系统——比特币（Bitcoin）系统就是一个加密数字货币系统。区块链技术之所以会如此令人瞩目，一个重要的原因就是加密数字货币的快速升值和由此带来的财富神话。加密数字货币系统催生了区块链技术并推动其发展，到目前为止也是区块链技术最为成熟的一个应用场景，这让很多人将区块链技术与加密数字货币混为一谈。在本章中，我们对照加密数字货币的发展来梳理区块链技术的发展过程，让读者厘清两者之间的关联和区别。

如图 1-1 所示，我们将加密数字货币和区块链技术的发展都分为四个阶段，并列出了每个阶段的主要事件和特征。这样划分主要是为了方便读者对发展过程的理解，在时间上并没有严格的分界点。早期加密数字货币系统和相关技术对区块链技术发展的影响已经得到大多数人的认可，我们将会较为详细地进行介绍；而近些年出现的事件及技术对区块链技术发展的影响尚待时间检验，为了避免误导读者，我们仅进行趋势上的讨论。

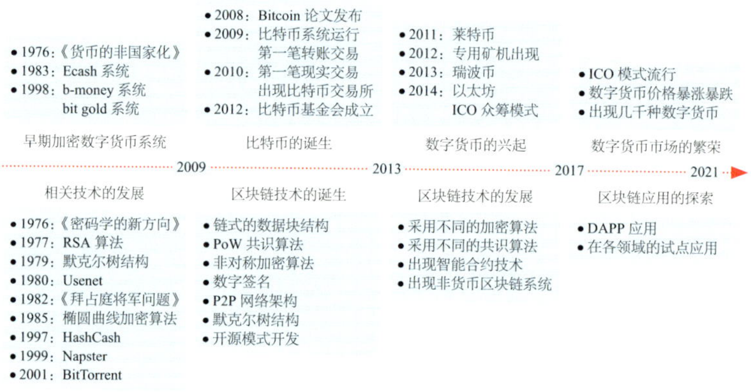

图 1-1　加密数字货币与区块链技术的发展

早期系统和相关技术

1976 年，经济学家哈耶克（Friedrich August von Hayek）出版了《货币的非国家化》一书，提出采用彻底的自由市场机制，打破国家中央银行对货币发行的垄断，由私营银行来发行竞争性的货币。此后，不断有研究人员设计和实现各种数字货币发行和支付系统，探讨自由发行数字货币的可行性。在此期间，密码学和分布式计算领域的技术发展为数字货币系统的实现提供了强有力的支撑。

密码学技术最初被用于解决计算机系统通信过程中的信

息保密问题。1976年，密码学家惠特菲尔德·迪菲（Whitfield Diffie）和马丁·赫尔曼（Martin Hellman）发表了论文《密码学的新方向》，介绍了公共密钥加密（非对称加密）和数字签名技术，奠定了现代密码学的基石。1977年，麻省理工学院计算机科学实验室的三位研究员设计了RSA算法，这是一种能够完全实现迪菲－赫尔曼（Diffie-Hellman）公共密钥加密系统功能的实用方法。1979年，赫尔曼的学生拉尔夫·默克尔（Ralph Merkle）设计了一种数字签名方法，其中所提出的默克尔树（Merkle-Tree）结构后来被广泛应用于分布式环境中数据同步正确性的校验。1985年，尼尔·科布利茨（Neal Koblitz）和维克托·米勒（Victor Miller）分别独立设计了椭圆曲线加密算法（Elliptic Curve Cryptography，ECC），解决了RSA算法因计算量大而使用困难的问题，让非对称加密技术更易于使用。理论的发展和技术的实用化推动了现代密码学的应用。密码学家戴维·乔姆（David Chaum）是最早将密码学技术应用于数字货币系统的人，他于1983年设计了一个匿名电子支付系统Ecash，这是最早的基于密码学的加密数字货币系统。

在Ecash系统之后，很长一段时间内没有出现具有影响力的新加密数字货币系统。与此同时，随着个人电脑和计算机网络技术的发展，人们对分布式系统的研究和应用逐渐深入。1980年，杜克大学的研究生汤姆·特拉斯科特（Tom Truscott）和吉姆·埃利斯（Jim Ellis）开发了Usenet新闻组应用，这是第一个去中心化的分布式系统。1982年，莱斯利·兰波特（Leslie Lamport）的论文《拜占庭将军问题》对分布式环境中的通信容错问题进行了讨论，推动了分布式计算理论的发展。20世纪末，基于P2P（Peer-to-Peer）网络架构的分布式计算技术快速发展，出现了一些具有影响力的应用。

密码学家亚当·巴克（Adam Back）于1997年设计了HashCash系统，用于解决垃圾邮件和拒绝服务攻击的问题。虽然HashCash系统并不是一个加密数字货币系统，但其所用到的工作量证明（Proof-of-Work，PoW）机制被后来的加密数字货币系统广泛采用。1998年，计算机工程师戴伟发布了他所设计的名为b-money的匿名分布式电子现金系统。同年，计算机科学家尼克·萨博（Nick Szabo）设计了一个去中心化的数字货币系统，取名为比特金（bit gold）。虽然这些早期的系统并没有得到大规模的部署和应用，但相关的研究工作验证了密码学和分布式计算等技术在加密数字货币系统实现过程中的作用。

至此，加密数字货币系统和区块链技术需要的所有技术，包括非对称加密、数字签名、数据校验、分布式网络和共识算法等，在理论上已经逐渐成熟，在应用上已经在多个原型系统和应用系统中得到验证。

比特币和区块链技术的诞生

1992年，曾任英特尔公司高级科学家的蒂莫西·C. 梅（Timothy C. May）和朋友成立了一个定期聚会的小团体，主要讨论如何利用密码学技术来保护人们的隐私，后来这个团体被称为密码朋克（Cypherpunk）。密码朋克的一些成员参与了早期多个加密数字货币系统的研究和开发工作，他们通过加密电子邮件系统和论坛等形式进行经验分享，探讨技术实现的可行性和系统设计过程中的经验教训。

2008 年 11 月，一个署名为中本聪（Satoshi Nakamoto）的作者在密码学论坛 metzdowd.com 上发布了题为《比特币：一种点对点式的电子现金系统》（Bitcoin：A Peer-to-Peer Electronic Cash System）的论文，描述了一种完全去中心化的加密数字货币系统。论文中提到，当时的在线交易几乎完全依赖中心化的金融机构作为可信任第三方来处理电子支付，由金融机构对交易纠纷进行仲裁。这种基于信任的系统本质上和政府发行的货币没有区别，一旦信任出现问题就会导致整个系统的崩溃。中本聪对早期的一些加密数字货币系统进行了优化，他所提出的比特币是一个基于密码学原理而不是信任的电子支付系统，允许任何有交易意愿的双方直接进行交易，不需要一个可信任的第三方参与。论文发布之后，受到了密码朋克成员的认可和重视，密码学家哈尔·芬尼（Hal Finney）等人积极参与到比特币系统的开发工作中。由于比特币系统采用链式的数据块结构来保存交易信息，其底层的实现技术就被人们称为区块链（blockchain）技术。

2009 年 1 月，在中本聪的论文发布两个月之后，比特币系统的软件正式运行并且采用开源的方式公布了源代码，当时的用户主要是密码朋克中对这个系统感兴趣的成员。2009年1月12日，中本聪将10个比特币转账给了哈尔·芬尼，这是通过比特币系统进行的第一笔交易。2010年5月，程序员拉斯洛·汉耶茨（Laszlo Hanyecz）使用10000个比特币购买了2个比萨饼，这是首笔使用比特币的现实交易。2010年7月，首个比特币交易所Mt.gox成立，标志着比特币开始进入市场流通。从2010年起，中本聪逐渐淡出并将项目移交给比特币社区的其他成员。由于中本聪通过加密邮件和论坛来发布论文及参与讨论，人们对其现实中的真实身份存在着多种猜测，至今没有明确可信的结论。

2011年4月，比特币系统发布了第一个正式版本，越来越多的普通用户开始参与和使用比特币系统，比特币的价格从0.3美元开始快速上涨，一度达到30美元左右。由于比特币系统的去中心化特征，其交易不受任何政府和组织的监管，因此受到了地下黑市交易的追捧，这也许是比特币能够迅速流行的一个重要原因，当然也是它受人诟病的一个重要方面。2012年9月，比特币基金会成立，接管了比特币系统的开发和维护。

从技术的角度来看，比特币系统使用链式数据块结构保存数据，采用默克尔树结构进行交易数据校验，大量使用非对称加密算法和数字签名技术，通过P2P网络架构将世界各地的用户连接起来，利用PoW机制和比特币奖励来激励用户参与系统共识过程，这些都是现有的技术。虽然比特币系统在技术上并没有新的突破，但它利用现有技术设计和实现了一个创新性的加密数字货币系统，解决了之前数字货币系统中需要可信第三方的问题，让自由发行数字货币成为可能。比特币系统的出现标志着区块链技术的诞生，但由于比特币系统仅仅是为数字货币去中心化交易所设计的，其功能和性能并不适合于其他的应用场景。

数字货币兴起和技术发展

从比特币开始，加密数字货币获得了广泛的关注，各种仿照比特币的加密数字货币相继出现。2011 年 10 月，莱特币（Litecoin）系统以开源形式发布并开始运行，这是一个复制了比特币系统核心源代码的加密数字货币系统。莱特币与比特币的区别在于，莱特币修改了生成区块的速度、产生货币的总量和用于共识的加密算法，使得用户能够更快地确认交易以及更方便地通过普通计算机进行挖矿（参与系统共识以获取货币奖励）。瑞波支付是 2004 年成立的一家公司，目标是建立一个能够取代银行金融体系的点对点支付网络。在比特币系统的影响下，瑞波于 2013 年 1 月推出了基于区块链技术的瑞波币（Ripple）。虽然瑞波的营销材料中声称瑞波系统是去中心化的，但有研究表明瑞波公司的服务器基本上完全控制了系统中的账本记录，因此有人诟病瑞波币实际上是一个集中式的系统。无论怎样，瑞波币还是获得了市场的认可，一度成为交易量排名第三的数字货币。到 2014 年，市场上出现了上百种数字货币系统，其中大多数都是对比特币系统原理和代码的复制。这些货币系统在原理上与比特币系统基本一致，目的同样是发行和记录数字货币的交易，区别主要在于通过使用不同的加密算法和共识算法来调整系统的性能。在比特币等加密数字货币进入市场流通并具备实际价值后，出现了专门的矿工用户，他们通过参与加密数字货币系统的共识过程来获取货币奖励，然后在市场上出售牟利。2012 年，用于数字货币系统挖矿的专用计算机——矿机被设计出来，同时还出现了将个体矿工组织起来共同进行挖矿的形式，被称为矿池。至此，加密数字货币挖矿成为一个新兴的行业。

在比特币系统中，每笔交易都可以通过脚本（script）程序来设定使用条件，系统中的节点可以通过运行脚本程序来对交易的合法性进行验证。比特币系统的脚本采用一种功能简单的编程语言编写，因此只能支持有限方式的计算，并不能用于解决所有的可计算性问题。比特币社区的程序员维塔利克·布特林（Vitalik Buterin）曾建议为比特币系统引入更完善的编程语言，但未得到核心开发人员的认可，于是他在 2013 年提出了以太坊（Etherum）的构想。2014 年以太坊通过首次代币发行（Initial Coin Offering，ICO）众筹方式发行以太币，以太币之后迅速成为除比特币外最受市场认可的加密数字货币。以太坊的脚本程序被称为智能合约（Smart Contract），在功能上更接近于通用的编程语言，能够实现更丰富的计算任务，这就让区块链平台不仅能够记录交易的结果，还能够记录交易的处理过程和逻辑，拓展了区块链技术的应用场景。智能合约是以太坊对区块链技术的最大贡献，可以被理解为存储在区块链上对所有人公开的程序，每个参与区块链的节点都必须按照程序的触发条件和设定逻辑来运行智能合约，否则其执行的结果不会被系统中的其他节点所接受。以太坊所采用的ICO发行方式是从证券行业的首次公开发行（Initial Public Offering，IPO）演变而来的，即通过出售即将发行的代币来向投资者募集项目开发和运营所需的资金。在以太坊采用ICO方式成功发行以太币之后，越来越多的加密数字货币系统开始采用ICO方式发行。

比特币和以太币等加密数字货币的流行让区块链技术受到越来越多的关注，其去中心化、集体共识、不可篡改等特性对于很多应用场景具有吸引力，例如金融领域的跨境支付和票据转让业务等，但PoW共识机制在效率上又难以满足这些应用的需求，自由加入的设计也会带来潜在的安全隐患。于是，面向企业应用、节点授权加入、采用更高效共识算法的非货币区块链系统就出现了。2015年12月，Linux基金会牵头启动了超级账本（Hyperledger）项目，初始成员包括独立的区块链软件开发商、知名的信息技术公司、金融服务机构、科研机构和信息系统集成商等。超级账本项目的目标是研发适用于企业级应用的开源区块链系统，包括面向不同目的和场景的八个子项目，其中最出名的是由IBM贡献的Fabric子项目。与加密数字货币系统这类区块链系统相比，面向企业应用的区块链系统只允许授权的节点加入，因此也被称为联盟链系统。联盟链节点间存在一定程度的信任，可以不通过货币奖励来激励用户参与，适合采用效率更高的共识算法，但由于企业应用所面临的场景更为复杂，联盟链系统的设计、部署和应用更为复杂。

总的来说，在这一阶段，加密数字货币的生态系统逐渐成熟，新的加密数字货币系统通常采用ICO方式发行，然后通过货币奖励来鼓励矿工用户参与系统运行；有专门的数字货币交易所和职业的数字货币投资者；越来越多的现实商家开始接受数字货币，各国政府也开始出台与数字货币相关的政策。在技术上，人们一直在探索提高区块链系统功能和性能的方法，智能合约的出现让区块链技术不再限于数字货币交易的应用场景，面向企业的区块链系统研发成为一个重要的技术发展方向。

货币市场繁荣和应用探索

近些年来，关注区块链的人逐渐分成了两个圈子：币圈和链圈。币圈通常是指专注于发行和买卖加密数字货币的人群，他们多是出于投资或投机的目的，关注的重点在于加密数字货币的上市交易和价格的变化。链圈是指从事区块链技术研发和应用落地的人群，他们多是看好区块链技术的应用前景，关注的重点在于使用区块链技术来实现应用的变革。从技术的角度来看，加密数字货币仅仅是区块链技术的一个应用场景，但也是目前区块链技术最成功的应用场景，了解区块链技术就一定无法回避加密数字货币。

币圈对于加密数字货币有一个粗略的分类：主流币、山寨币和空气币。主流币是指价值得到市场广泛认可并且流通性较好的加密数字货币，包括比特币、以太币和瑞波币等；山寨币是指通过复制和改进主流币技术发行的加密数字货币，通常市值和流通性都明显差于主流币；空气币是指那些没有任何应用场景和技术特色，仅仅是通过包装和宣传来吸引投资者的数字货币。加密数字货币市场具有自由开放和无监管的特性，任何人都可以自主发行新的加密数字货币和参与数字货币的交易，这就导致货币的数量和市场的波动远远大于传统的金融市场。目前，全球有几十家知名的数字货币交易机构，参与市场交易的数字货币达几千种，数字货币的价格变化也呈现大起大落的特征。根据数字货币交易机构 CoinDesk 的数据，比特币交易价格变化如图 1-2 所示，2013 年至 2017 年年初，比特币的价格相对稳定在一百美元左右，2017 年年底价格迅速上涨至接近两万美元，2018 年年底又跌至三千多美元，2021 年年初价格突升至四万美元左右。数字货币市场的这种价格变化让许多早期开始参与炒币的人获得巨大收益，也刺激了更多的人参与到数字货币交易中，造成了数字货币市场的繁荣景象。

以太坊的智能合约技术让区块链能够完成比记账更复杂的任务，拓展了区块链的应用场景。在此之前，与区块链相关的应用主要集中在挖矿和钱包等涉及区块链运行的领域。2017 年 11 月，一个基于以太坊智能合约技术的网络宠物游戏《谜恋猫》（Cryptokitties）发布，迅速成为以太坊社区的热门应用，一度造成以太坊网络交易拥塞。此后，基于区块链的去中心化应用（Decentralized Application，DApp）快速发展，出现了大量的基于区块链平台的游戏和博彩类应用。遗憾的是，在即时通信、新闻传播、信息服务等其他应用领域，尚未出现被广泛关注和认可的基于区块链技术的去中心化应用。

图 1-2　比特币的价格变化

在企业应用领域，人们对于区块链技术的应用和创新普遍持支持的态度，相关的政策、投资和创业都呈现了快速发展的态势。在金融、保险、政务、医疗和物联网等领域，人们都在探索使用区块链技术来解决多方信息交换、多方互信和隐私保护等问题，不断有各种试点应用成功落地的新闻。虽然到目前为止，我们仍然没看到有分量的实际应用，但人们仍然对区块链技术的前景充满信心。

未来之路

对于区块链技术的发展阶段，业界存在着不同的划分方式。一种是将最早出现的比特币系统称为区块链 1.0，将支持智能合约的以太坊称为区块链 2.0，将企业应用称为区块链 3.0；另外一种是将加密数字货币称为区块链 1.0，将企业应用称为区块链 2.0，将基于区块链技术实现价值互联网称为区块链 3.0。无论哪种划分方式，都将在各领域的广泛应用视为区块链技术的未来。

任何技术被广泛应用的前提一定是能够解决人们的现实需求。以云计算为例，2006 年，云计算的概念被提出，亚马逊推出了全球首个云计算平台 AWS（Amazon Web Services），因为具有资源整合、灵活部署、按需使用等特性，所以解决了传统信息系统在基础平台部署和运维方面的难题，现在云计算技术已经被广泛应用。区块链技术具有去中心化、集体共识和不可篡改等特性，能够解决中心化系统存在的信任问题，这在原理上并不复杂，只是对现有技术的集成应用，但区块链技术除了在加密数字货币市场异常繁荣外，在其他领域的应用仍然处于探索和尝试阶段。造成这种现状的原因，一方面是现有区块链系统的扩展性、性能和可交互性还较差，与现有信息系统的集成难度大等技术因素；另一方面是人们对区块链技术适用场景的理解不够深入，以及去中心化应用的需求尚未被充分发掘等需求因素。

区块链技术的发展仍然需要技术上的不断探索和更多领域的应用实践，目前我们能够确定的主要包括两个方面。一方面，加密数字货币作为区块链技术最为成功的应用场景，已经形成了可观的市场规模，拥有众多的支持者，得到了各国政府的重视，将来一定会长期存在和发展；只要加密数字货币存在，区块链技术就会一直得到人们的关注，相关的技术探索就不会停止。另一方面，区块链技术并不是对现有信息技术的替代，而应该是对现有技术的补充，它为我们提供了一种新的应用模式；对区块链技术适用场景的深入理解，对去中心化应用需求的充分挖掘，将会促进区块链技术与现有信息技术的集成。

二　区块链技术原理

区块链技术主要用于解决去中心化环境下的群体间共识问题。去中心化是指在一个群体中所有成员的角色都是相同的，不存在特殊的中心成员来对其他成员的行为进行管理和控制。本章首先讨论群体成员之间达成共识所需要的基础条件，然后介绍用于保障这些基础条件的具体实现技术。在此之后，我们会介绍区块链系统软件的基本功能，并通过一个示例来说明区块链系统的运行机制。在理解了区块链系统的运行机制后，相信你会更容易地理解区块链技术的特点和区块链的生态圈。

共识问题

在日常生活中，人们经常需要就一些事情达成共识，并且需要保证共识的结果不会丢失或被篡改。对于有组织的群体来说，我们通常能够找到一种有效的方法来达成共识。例如，在策划老同学聚会时需要确定聚会的时间和地点，聚会发起人可以通过电话、微信、电子邮件等途径与大家进行反复沟通，最终达成共识并通知到所有的聚会参与人。然而，对于没有确定的组织形式并且相互之间缺少信任的群体，达成共识就成为一个困难的任务。例如，消费者和商家之间如果缺少信任，那么一旦发生消费纠纷就很难达成共识。此时，我们需要一个公正、中立、权威的第三方来帮助达成共识。

随着现代信息技术的发展，各种各样的信息系统已经渗入我们生活的方方面面，如通信软件、电子银行、在线购物、扫码支付等。大多数情况下我们都会选择信任服务的提供者，例如，相信银行能够安全地保存我的账户余额和流水，相信在线购物平台和支付机构能够正确地处理我的交易数据。在发生纠纷并且难以达成共识的情况下，我们通常选择去寻找一个权威中立的第三方来仲裁，例如向中国银行保险监督管理委员会、各地的消费者权益保护委员会等监管机构投诉。然而，总是存在一些我们很难找到一个权威中立的第三方来进行仲裁的场景，或者仲裁成本太高、难以承受。例如，在境外电商网站上发生购物纠纷时，寻找权威中立第三方仲裁机构解决问题的成本会非常高。

比特币系统是一个全球范围内的去中心化加密数字货币系统，其主要功能就是发行比特币并记录比特币的交易。由于不存在中心化的发行机构，比特币的发行和交易都需要系统的全体参与者通过达成共识的方式予以确认和记录。为了方便读者理解这一点，我们把比特币系统与传统货币系统进行如下对比：

（1）传统的货币系统都有一个发行机构来负责货币的供应，通过发行新货币和回收旧货币来控制市场上流通的货币总量。例如，中国人民银行是人民币的发行机构，美国联邦储备系统是美元的发行机构。而比特币没有发行机构，由系统所有参与者通过比特币软件达成共识，来实现新货币的发行。

（2）传统货币的电子交易记录保存在银行、信用卡组织等金融机构的信息系统之中，由金融机构来保证交易记录的正确性、完整性和安全性。而比特币系统中是没有中心机构来负责维护交易记录的，任何人都可以通过安装运行比特币软件来加入比特币系统，比特币的交易记录就保存在每一个运行了比特币软件的计算机中，通过算法来保证交易记录的正确性、完整性和安全性。

比特币系统需要对全球各地同时发生的交易进行记录，包括每条交易的内容和交易发生的顺序。由于没有中心机构进行记录，比特币系统就需要所有的参与者能够对记录的内容达成共识，并且安全地保存所有交易记录，防止已经达成共识的交易记录被篡改。

在类似于比特币系统这样的去中心化环境下，为了能够实现群体间的共识，需要一些基础条件，主要包括以下几个方面：

（1）在去中心化环境下，系统的每个参与者都是平等的。我们需要一种对等的系统架构来保证任意两个参与者之间都能够直接进行交互，不需要通过固定的中心节点来进行对接。

（2）参与者相互之间进行交流时需要安全可靠的交流手段。一方面保证发送者发送的消息能够到达接收者，并且保证消息内容不被篡改；另一方面接收者能够确信收到的消息来自正确的发送者，而不是冒名者。

（3）各个参与者都需要保存系统中达成的共识结果，这就需要一种能够安全保存共识结果的技术手段，让每个参与者都能够快速确认所收到的共识结果是否正确，并识别出伪造的共识结果。

（4）为了鼓励系统的参与者积极参与达成共识的过程，我们需要一种合理的激励机制，让共识过程的参与者能够获得收益，这样才能保证系统正常运转下去。

（5）在参与者达成共识的过程中，我们需要一种公平、正确且高效的共识算法，也就是达成共识决策的操作步骤。只要每个参与者都正确执行共识算法，就能够在确定的时间内达成共识，任何违反共识算法的参与者都不能从达成共识的过程中获得收益。

当上述基础条件都能够被满足时，我们就能够设计和实现一个去中心化的共识系统。区块链系统就是一个通过技术手段来保证满足上述基础条件的去中心化共识系统。

基础支撑技术

上一节中我们提到区块链系统本质上是一个去中心化的共识系统，有五个方面的基础条件是保证其正确运转的前提。在本节中，我们就来介绍区块链系统中用来保证实现这些基础条件的技术。

P2P 网络

传统的信息系统基本上采用的都是中心化的系统架构，即在系统中存在着一个或多个中心节点，这些节点的功能和角色与其他节点不同。中心节点通常由系统的拥有者或者管理者所控制，为系统中的其他节点提供服务，是整个系统运转的核心。一旦中心节点出现故障或者失去其他节点的信任，整个系统就会崩溃。例如传统的银行信息系统就是采用中心化的系统架构，其中位于银行数据中心的服务器是系统的中心节点，而我们手机中的银行应用软件（APP）、网点的自动取款机和商户的销售终端（POS）机都是非中心节点。人们通过银行信息系统进行支付、转账等交易时，系统都需要将交易请求发送给银行的服务器，由它进行确认和记录。如图 2-1 所示，用户张伟通过银行信息系统向用户王芳转账 100 元，然后用户王芳查询她的账户余额，该过程中的所有请求都发送给银行的服务器，由服务器来确认交易成功并记录交易的结果。

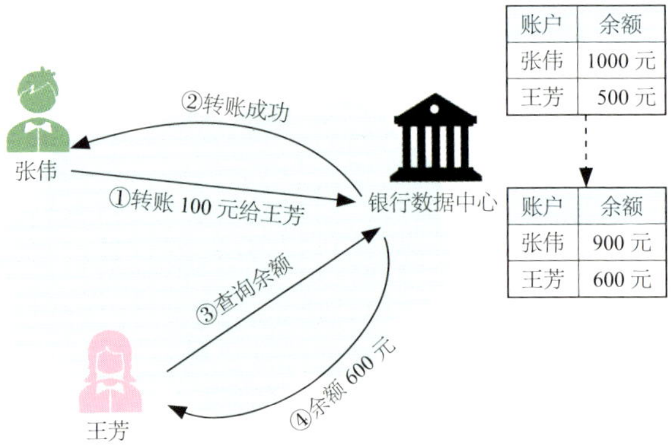

图 2-1　通过银行信息系统进行转账的流程

P2P 网络也被称为对等网络，是一种没有中心节点的系统架构，将所有的参与者都视为对等的节点，在角色和功能上都是相同的。P2P 技术的发展可以追溯到 20 世纪 70 年代末 80 年代初，杜克大学开发的 Usenet 是首个使用 P2P 架构的新闻组应用。20 世纪 90 年代末出现的 Napster 是采用 P2P 架构的音乐下载软件，其用户数最高峰时达到数千万人。后来出现的 BitTorrent 则是基于 P2P 技术的文件分享和下载软件，目前仍然被广泛使用。图 2-2 展示了使用 BitTorrent 软件基于分布式哈希表（Distributed Hash Table，DHT）进行文件分享和下载的过程。

通过上述的对比介绍可以看出，由于采用 P2P 架构的系统不存在特殊的中心节点，任何节点的故障都不会影响其他节点之间的通信，也不会影响整个系统的正常运行。因此，这种架构能够满足去中心化环境下群体间共识对于

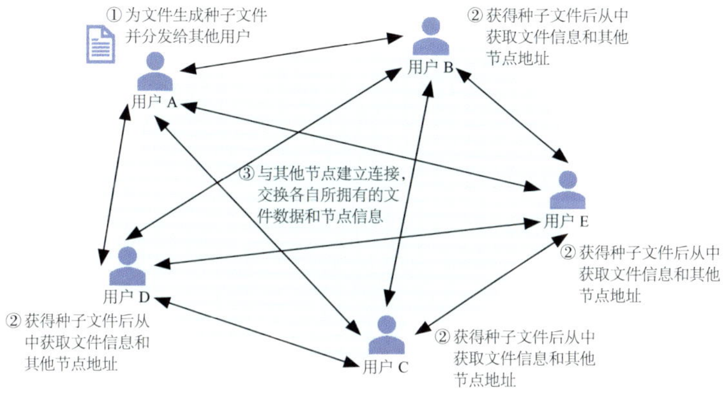

图 2-2　BitTorrent 软件的文件分享和下载流程

通信的需求，这也是所有的区块链系统在底层都采用 P2P 通信协议的原因。在开发一个去中心化系统时，既可以选择使用现有的 P2P 通信协议，如 BitTorrent、Gnutella 和 Libp2p 等，也可以根据应用的特点设计和实现新的协议。

加密算法

在信息系统中，提到安全可靠的交流手段，我们首先想到的就是加密方法。加密是通过加密算法对明文数据进行处理并产生密文的过程，而解密是通过加密算法对密文数据进行处理并得到原始明文数据的过程。加密算法通常都是公开的，其保密的效果是通过密钥实现的。密钥是使用加密算法进行加、解密过程中用到的一小段数据，相同的加密算法使用不同密钥数据对同一个明文进行加密会得到不同的密文。在拥有密钥数据的情况下，可以很容易地通过加密算法对密文进行解密；而在没有密钥数据的情况下，对密文进行解密是极其困难的，通常是难以实现的。

加密算法根据使用密钥的方式不同可以分为两类：对称加密和非对称加密。对称加密算法在加密和解密过程中使用相同的密钥数据，任何拥有密钥的人都可以执行加密和解密操作，因此密钥数据必须严格保密，不能泄露给无权获取明文数据的人。非对称加密算法在加密和解密过程中分别使用两个不同的密钥数据，被称为密钥对。其中一个是公开的，被称为公钥；另一个是保密的，被称为私钥。非对称加密算法使用公钥加密产生的密文，必须使用对应的私钥才能够进行解密；与之相对的是，使用私钥加密产生的密文，必须使用对应的公钥才能够进行解密。

图 2-3（a）展示了对称加密算法使用公共密钥进行加密 / 解密处理的过程，要说明的是，这里的公共密钥并不

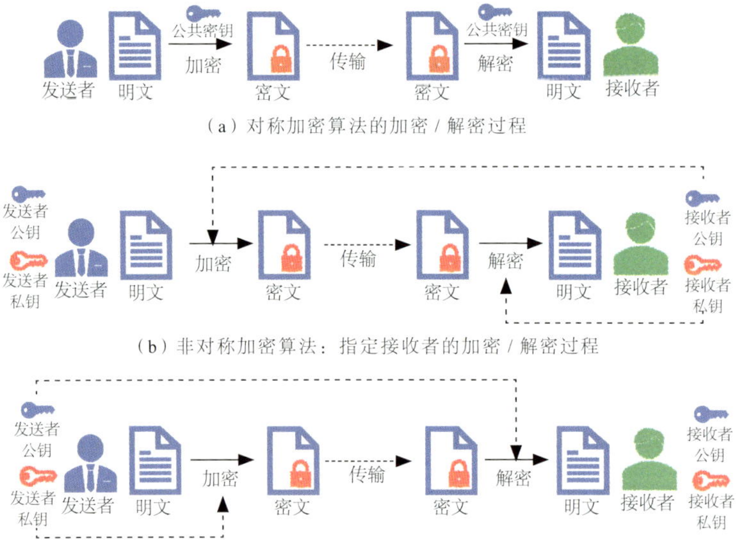

（a）对称加密算法的加密 / 解密过程

（b）非对称加密算法：指定接收者的加密 / 解密过程

（c）非对称加密算法：确定发送者的加密 / 解密过程

图 2-3　使用加密算法对数据进行加密 / 解密的过程

是向所有人公开的，而是在发送者和接收者之间公开的。只有当发送者和接收者都拥有相同的密钥时，才能够使用对称加密算法实现信息的加密传输。在使用非对称加密算法时，每个参与者都拥有一对密钥，其中公钥可以向所有人公开，而私钥必须严格保密，只有参与者自己知道。图2-3（b）展示了发送者利用非对称加密算法向指定接收者发送信息的过程。发送者首先获取接收者的公钥，然后利用接收者的公钥对明文进行加密产生密文，随后将密文传输给接收者；接收者收到密文后，可以使用自己的私钥对密文进行解密，从而获得相应的明文。由于只能使用接收者的私钥进行解密，这就确保了只有接收者本人能够获取明文。图2-3（c）展示了利用非对称加密算法确定信息发送者身份并进行信息传输的过程。发送者利用自己的私钥对明文进行加密产生密文，然后将密文传输给接收者；接收者收到密文后，首先获取发送者的公钥，然后利用发送者的公钥对密文进行解密，从而获得明文。由于只能使用发送者的公钥进行解密，这就让接收者可以确定发送者的身份，并且确保发送者不能够抵赖。

在去中心化系统中主要使用非对称加密算法，每个参与者在首次加入系统时都会获得一对密钥，其中的公钥被用作参与者的唯一身份标识，可以向系统中的所有其他参与者公开；私钥则由参与者自己保管，不能出现泄露或丢失的情况，否则会造成泄密或无法访问系统等严重后果。去中心化系统中的参与者在进行信息交换和交易的过程中，可以利用非对称加密算法来实现数据加密传输和数字签名等功能，这也是系统能够正常运转的基础。

常用的非对称加密算法包括 RSA、ElGamal、背包算法、Rabin、D-H、椭圆曲线加密算法等。比特币系统中主要使用了椭圆曲线加密算法。

哈希运算与区块链结构

在区块链系统中，每个参与者都需要保存所有共识的结果，并快速确认所收到的共识结果是否正确，这主要是通过哈希运算和链状数据块结构来实现的。

哈希（Hash）也被称为散列，哈希算法是计算机科学领域中的一类算法，主要功能是将任意长度的输入数据映射到一个固定长度的输出数据上，这个输出数据被称为输入数据的哈希值。目前常用的哈希算法有 MD5、SHA-256 等，图 2-4 展示了分别用 MD5 和 SHA-256 对不同输入文本进行哈希运算所获得的相应哈希值。从图中可以看出，即使输入数据只相差一个空格（第 1 行和第 2 行），使用相同哈希算法所得到的哈希值也完全不同；使用不同的哈希

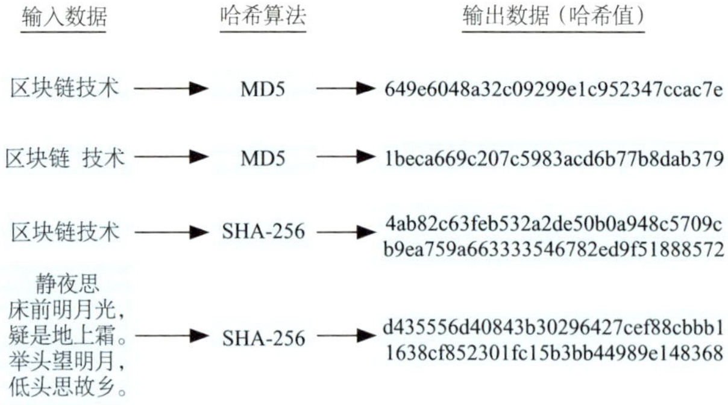

图 2-4　哈希运算示例

算法对相同的输入数据进行计算（第1行和第3行），所得到的哈希值在长度和内容上都是不同的；即使输入数据长度不同（第3行和第4行），使用相同哈希算法所得到的哈希值长度都是相同的。

一个好的哈希算法需要具有以下特征：

（1）计算快速。对于给定的输入数据，能够快速计算得到对应的哈希值。例如，普通的家用电脑每秒钟可以进行40多万次MD5哈希运算，或者进行10万次SHA-256哈希运算。

（2）输入敏感。不同的输入数据之间哪怕只有微小的差别，通过哈希运算所得到的哈希值也会截然不同，所以不可能根据哈希值的差异程度来推断输入数据的差异大小，如图2-4中的第1行和第2行。哈希运算的这个特征常被用于检验文件和消息的完整性。

（3）逆向困难。根据哈希值很难反推出原始的输入数据，这一点也是哈希算法安全性的重要保证。

（4）低冲突率。冲突是指两个完全不同的输入数据经过哈希运算所得到的哈希值完全相同。冲突的存在会破坏基于哈希运算所设计的应用的安全性。例如，目前大多数应用系统出于安全考虑都不会直接保存用户的密码，而是保存用户密码的哈希值，如果所使用哈希算法的冲突率高，则可能出现使用错误密码也能登录系统的情况。所幸的是，目前常用哈希算法的冲突率都很低，大多数情况下能够满足普通应用的需求。

利用哈希运算的上述特征，人们设计了区块链系统中用于保存共识结果的方法，即将一段时间内系统中达成的共识结果放入一个数据块中，再以文件或其他形式保存在参与者本地的电脑中。这样的数据块被称为区块（block）。在每个区块中，除了有保存的共识结果外，还有保存的前一个区块的哈希值和一个随机数。如图 2-5 所示，在一个区块链系统中，产生的第一个数据块被称为创世块，其中只保存最初一批的共识结果。此后，系统中每产生一批新的共识结果时，都需要先对前一个数据块进行哈希运算得到其哈希值，然后这个哈希值会和新的共识结果及一个随机数共同生成新的数据块。这里的随机数用于系统的共识计算，我们会在下文中进行介绍。通过所保存的哈希值，每个数据块都和它的前一个数据块关联起来，所有的数据块之间就形成了一个链式结构，这就是区块链概念的由来。每个区块都有一个高度值，代表了这个区块在链式结构中的位置，创世块的高度值为 0。图 2-5 中最后一个区块的高度值为 m，表示目前该区块链已经生成了 $m+1$ 个数据块，接下来新的共识结果将会被保存在高度值为 $m+1$ 的区块中。

在区块链系统中，每个参与者都会在本地保存一份完整的区块链数据，其中包括从系统启动运行以来产生的所

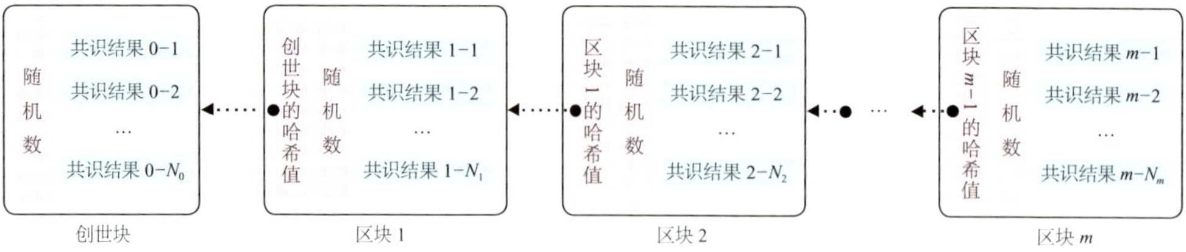

图 2-5　区块链结构示意图

有共识结果。一个新加入的参与者，可以请求系统中的其他参与者为他提供之前产生的区块。在收到其他参与者提供的区块后，新参与者可以通过哈希运算来得到每个区块的哈希值，然后和下一个区块中保存的哈希值进行比较，从而判断所收到的区块是否正确。如果有其他参与者故意篡改之前的区块中保存的共识结果，由于哈希运算具有输入敏感和低冲突率特征，那么必然会导致篡改后区块的哈希值与后续数据块中保存的哈希值不一致。由于哈希运算具有计算快速特征，新参与者很容易判断所收到区块的正确性，可以直接丢弃被篡改的区块，转向其他参与者重新请求获取区块。由于哈希运算具有逆向困难特征，根据哈希值来重构一个区块基本上是不可能的。

激励机制

在一个中心化的系统中，中心节点的所有者可以通过提供服务来获取收益，因此它有动力来维护整个系统正常运行。在去中心化系统中，如何维护系统的正常运行，显然不能依赖参与者的自觉性。通过激励机制来鼓励用户参与是一种通用的做法，例如很多网络社区、论坛和购物平台都会对用户的参与行为给予积分奖励，积分更高意味着可以享用更多的功能和更好的服务。

对于区块链系统来说，只有足够多的用户参与到共识计算的过程中，才能够维护其正常的运行。目前区块链系统中广泛采用的激励机制是发行代币（token），对于用户参与共识计算的行为给予代币奖励。区块链系统中的共识计算过程通常被称为挖矿（mining），参与共识计算的节点被称为矿工节点，不参与共识计算的节点被称为普通节点。共识计算是矿工节点之间的一个竞争过程，每个矿工节点都针对需要达成共识的数据独立运行共识算法，首先计算出正确结果的矿工获胜。为了鼓励节点参与共识计算的过程，区块链系统设定每一轮共识计算都会产生一定数量的新代币，获胜的矿工节点拥有生成新区块的权利，它可以将这些新代币记入自己的账户作为奖励，并将这个行为记录在生成的新区块中。早期的区块链系统大都是加密数字货币系统，代币就是其发行的数字货币，例如比特币系统中发行的比特币。随着加密数字货币被广泛地接受和使用，这些代币已经和现实货币建立了兑换关系，拥有了实际的购买力，因此激发了用户参与共识计算获得代币的热情，从而保障了区块链系统的正常运行。

共识算法

在计算机科学领域，为了解决分布式系统中的共识问题，人们设计出了很多种共识算法，用于不同的应用场景。对于去中心化系统来说，达成共识的主要挑战来自节点之间的互不信任，也就是说无法对节点伪造数据和篡改数据等作恶行为进行约束。目前区块链系统中主要用 PoW 算法来解决节点作恶和节点间互不信任的问题。前文提到，区块链系统中所有生成的共识结果都会以区块的形式被记录下来，负责生成新区块的矿工节点将会获得代币奖励。PoW 算法就是矿工节点竞争记账权（生成新区块的权利）的规则。

这里我们以比特币系统对PoW算法的运用为例，对竞争记账权的过程进行说明。在比特币系统中，所有账户之间的转账交易都需要按顺序被记录在区块中。一个账户在提交转账交易时会使用自己的私钥对交易进行签名，再将交易发送给所有的矿工节点。每个矿工节点首先会验证所收到交易的合法性，然后将其放入待验证交易池。之后，矿工节点从待验证交易池中选择部分交易并进行排序，合并前一个区块的哈希值和一个随机数后生成一个新区块。显然，不同矿工节点所生成的新区块包含的交易、使用的随机数以及对交易的排序都是不同的，但区块链系统只能接受其中的一个作为共识结果。那么哪个矿工节点生成的新区块会被区块链系统接受呢？PoW算法要求每个新区块的哈希值都要符合软件约定的规则，如落在指定的范围内。矿工节点在生成新区块后都要计算其哈希值，如果没有落在指定的范围内，则需要更换所使用的随机数，然后重新生成新区块，再计算哈希值，循环往复，直到获得满足要求的新区块。矿工节点在生成正确的新区块后，便将这个新区块广播给系统中的其他节点，其他节点收到之后可以通过哈希运算来确认新区块中的交易以及区块本身的正确性。根据哈希运算的特征可确定，任何伪造或篡改的数据都无法通过哈希运算的验证。

矿工节点为了生成正确的新区块，必须不断地调整随机数，然后重复进行哈希运算，这一过程所需的时间是由其拥有的计算能力和哈希值的有效范围决定的。为了能比其他矿工节点更快地算出正确的新区块，职业矿工都会使用大量对哈希运算优化过的专用计算机，也就是人们通常所说的“矿机”。为了保证交易和区块能够被及时广播到大多数节点，区块链系统都会控制生成新区块的速度，这是通过对哈希值有效范围的调整来实现的。当矿池中的矿工节点数量越来越多时，矿池的整体计算能力就会越来越强，生成新区块的时间间隔就会缩短；当矿工节点数量越来越少，矿池整体计算能力越来越弱时，生成新区块的时间间隔就会变长。每一个区块都会记录生成区块的时间，区块链软件会检查相邻区块的时间差，当时间差变大时扩大有效哈希值的范围（降低生成新区块的难度），当时间差变小时缩小有效哈希值的范围（增大生成新区块的难度），这样就可以保证生成新区块的时间间隔相对稳定。在比特币系统中，每 10 分钟左右生成一个新区块。

考虑到网络延迟的影响，在区块链网络中可能存在两个矿工节点几乎同时计算出正确的新区块的情况，但这两个新区块中包含的交易以及交易的排序并不相同。在这种情况下，两个矿工节点会各自独立地向系统中的其他节点进行广播。对于同时收到两个不同新区块的节点来说，它必须选择接受其中一个并丢弃另外一个。从整个系统的角度来看，会有一组节点接受了其中一个，而另一组节点接受了另外一个，这就产生了区块链分叉的现象，如图 2-6 所示。

所幸的是，分叉现象在区块链系统中不会持续很长时间。在后续的共识竞争过程中，两组节点分别在各自的分支上进行计算，并将得到的新区块不断向系统中的所有节

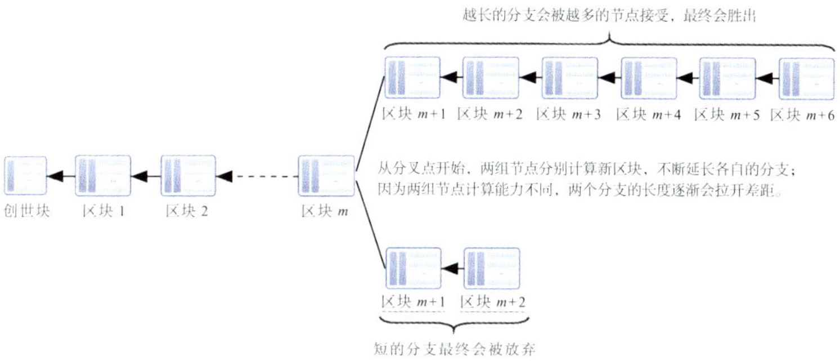

图 2-6　区块链分叉示意图

点进行广播。由于两组节点的计算能力不会完全相同，两个分支产生新区块的速度就会不同，其中计算能力强的那个分支长度会超过另一个分支。对于系统中的每个节点来说，当它发现存在两个长度不同的分支（意味着较长的那个分支拥有更多的支持者和计算能力）时，为了避免自己成为系统中的少数派，它会选择较长的那个分支并放弃较短的那个分支。对于被放弃的分支来说，其数据区块中的交易会被重新放入待确认交易池，等待后续的共识计算予以重新确认。在经过一段时间后，区块链系统便会解决掉分叉问题，这也是区块链系统中交易确认都需要等待几个区块的原因。在比特币系统中，交易的确认通常需要等待 6 个区块。当一个交易被保存在新区块中后，由于存在分叉的可能性，我们并不能马上确认这个交易已经达成共识。只有在这个区块之后又生成了 6 个新区块，我们才能确认这个交易已经达成共识并且被记录在系统中，因为此时该区块所在的分支被放弃的可能性已经极低了。

PoW 算法能够解决区块链系统中的共识问题，但其中所用到的哈希运算会消耗大量的电力能源，除了用于生成新区块外并无实际意义，这是该算法受人诟病的地方。其他一些共识算法通过引入节点声誉、拥有代币的数量、拥有代币的时间等因素来调整矿工节点的记账优先级，降低高优先级节点的计算难度，从而降低整个系统对能源的消耗，但这些算法对于矿工节点的激励效果不如 PoW 算法。

区块链软件

从比特币系统诞生以来，区块链技术得到了快速的发展。根据对参与者的限制不同，可以将区块链系统分为公有链、联盟链和私有链三大类：公有链系统对参与者没有任何限制，任何人都可以通过安装运行区块链软件来加入系统；联盟链系统通常部署于确定的多个组织机构联盟之间，要求参与者必须是经过身份认证的联盟成员；私有链则完全由某个组织机构控制，仅允许组织内部成员参与。从实现技术上来讲，这三种系统并没有根本性的不同，区别主要在于：联盟链和私有链的参与者身份可以确定并且数量较小，因此在共识算法和激励机制的设计上比公有链要简单。这里我们主要对公有链系统的软件进行介绍。

区块链软件的功能

作为一个去中心化的分布式群体共识平台，区块链系统的软件通常由开源社区来开发和维护，软件的源代码是对所有人公开的。因此，任何人都可以对源代码进行审查，确认其中所实现的功能是正确的，并且不包含恶意代码。与传统信息系统软件的开发和升级过程不同，任何对区块链软件功能的修改或升级，都需要将源代码发布到开源社区，并且在大多数系统参与者都认可并下载安装新版本后才能够实现。

区块链系统的功能相对简单，主要是为了在群体间达成共识并记录结果，除了矿工节点出于竞争的需要会使用专用的“矿机”外，普通节点运行所需的软件、硬件和网络等基础设施与其他系统并无太大区别。区块链软件通常会包括图 2-7 所示的功能组件。

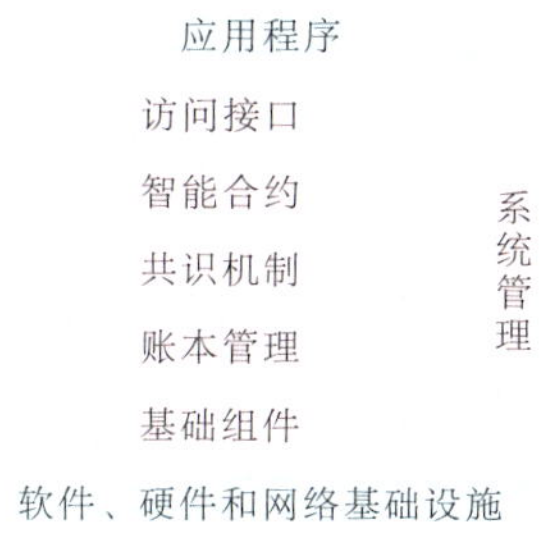

图 2-7　区块链软件的功能组件

基础组件

基础组件实现了区块链系统中每个节点对信息的存储和传播，其中包括数据管理、密码管理、节点发现和消息收发等模块。数据管理模块通常采用关系数据库或键值对数据库实现，提供对区块数据、交易数据和状态数据等信息的存储和查询服务；密码管理模块包含了对基本的密码学算法的实现，为其他组件提供支持，同时还负责密钥信息的维护；节点发现模块通过P2P网络协议获取系统中其他节点的地址，负责建立并维护与其他节点间的网络连接；消息收发模块负责与其他节点进行数据交换，交易广播、共识消息和区块同步等都由该模块执行。

账本管理

在区块链系统中，所有的数据区块还有一个通俗的名称“账本”（ledger），这一名称源于早期区块链系统中维护的都是加密数字货币交易记录。账本管理负责对本地的区块链数据进行维护，对外提供完整、正确的区块链服务。它通过基础组件中的消息收发模块来获取和传播区块数据，通过密码管理模块来对数据进行验证，通过数据管理模块来存储和查询区块数据。

共识机制

共识机制负责协调保障区块链系统中各个节点所记录数据的一致性。根据所采用共识算法的不同，每个系统的共识机制实现也有差异，通常包括待确认交易缓冲池管理、区块生成、数据一致性校验、数据同步控制和节点选取等功能。对于参与系统共识计算的矿工节点来说，出于竞争的需要，往往会对这些功能的实现过程进行优化，通过分布式并行计算等方式提高自己的竞争力；对于不参与系统共识计算的普通节点，则只需要使用最基本的数据同步和校验功能。

智能合约

智能合约实际上是一段计算机程序，被用于处理区块中保存的数据。为了确保系统中每一个节点都能够正确地执行相同的数据处理程序，这些程序也被保存在区块中。由于系统中每个节点的硬件环境和软件环境都不相同，为了保证所有节点都能够正确执行，区块链软件需要为智能合约提供一个特殊的虚拟机环境。当矿工节点打包交易、生成区块时，如果发现交易中存在对智能合约程序的调用，则需要在虚拟机环境中执行程序，并将执行结果保存在区块中。

访问接口

访问接口是对区块链软件的封装，为上层的应用程序提供简洁的调用方式。基于区块链系统开发的应用程序通过调用访问接口就能够方便地执行创建账户、查询区块数据、提交交易等操作。

系统管理

系统管理组件中实现了支持区块链软件运行的一些管理功能，如身份认证、权限管理、节点管理、日志管理、系统监控等。在公有链系统中，对身份认证、权限管理和节点管理的需求较弱，但对于联盟链和私有链系统来说，这一部分功能是必不可少的，可以通过传统的 CA 认证（权威机构认证）和第三方认证等方式实现，也可以直接利用现有信息系统中的身份认证和权限管理功能。

区块链运行机制

公有链系统运行于互联网环境中，由所有安装了同一区块链软件的计算机组成，其中每台计算机被称为一个节点。任何人都可以自由地下载并安装开源的区块链软件，并通过运行该软件来加入区块链系统。下面通过一个简单的示例来说明区块链系统的运行机制。

张伟和王芳是通过互联网结识的一对生意伙伴，他们准备签署一项合作协议，并且希望这个协议能够被永久地记录下来，不会丢失也不会被修改。在了解了区块链系统之后，他们决定将合作协议记录在一个流行的公有链系统中。他们通过以下几个步骤完成了这个任务。

加入平台

张伟和王芳都下载并安装了这个区块链系统的软件。在初次运行的时候，软件为他们分别生成了密钥对，其中公钥作为他们各自的账户地址，私钥则由他们自己保存好，既可以作为登录系统的凭证，也可以作为加密解密信息的密钥。为了能够与系统中的其他节点建立连接，他们各自安装的区块链软件首先连接软件中保存的种子节点，然后通过种子节点获得其他节点的地址，这样他们就加入了区块链平台。

广播交易

在区块链系统中，所有账户之间的交互行为都被称为交易，交易是系统达成并记录共识的最基本单位。通过区块链软件，张伟生成了一个从自己账户地址到王芳账户地址的交易，把他们的协议作为交易的内容，并且通过自己的私钥对交易进行签名。在张伟提交了这个交易后，这个交易会被区块链软件广播给所有与张伟建立连接的节点，并通过这些节点不断地传播，最终会到达系统中的所有节点。每个收到这个交易的节点，首先会通过张伟的公钥来验证交易的合法性，然后将交易放入本地的待确认交易池，等待系统进行共识计算后予以确认。

共识计算

张伟在第二步中提交的交易经过系统传播到矿工节点后，被放入矿工节点的待确认交易池。每个矿工节点会从本地的待确认交易池中选取一定数量的交易，和上一个区块的哈希值以及一个随机数共同拼成一个新的数据区块，然后计算这个新区块的哈希值。如果某一矿工节点算出的哈希值不满足设定的条件，则修改随机数后重新计算，直到算出的哈希值满足设定的条件，此时，该矿工节点向系统中的其他节点宣布自己胜出，并将新区块广播给其他节点。

广播新区块

在第三步中胜出的矿工节点会将包含张伟交易的数据新区块广播给系统中的其他节点。每个收到新区块的矿工节点都会通过哈希运算来验证这个新区块的正确性，如果验证通过则将其保存下来，并将其中包含的交易从待确认交易池中删除，然后开始进行下一个数据区块的计算竞争。对于普通节点来说，在验证新数据区块的正确性之后，只需要将其保存下来即可。这样张伟的交易就被记录在新区块中，并被系统中的大多数节点所接受，此时他仍需等待 6 个新区块产生并链接在他的区块之后，才能够确保他的交易区块不会因为区块链分叉原因而被取消。

通过上述四个步骤之后，张伟和王芳的合作协议就被保存在区块链中，只要这个区块链系统能够一直运行下去，他们的协议就不会丢失，也不会被篡改。在任何时候，他们都可以通过区块链系统来查询他们的协议内容。

区块链技术的特点

区块链技术自从诞生以来就头顶各种光环，去中心化、透明可信、不可篡改、可追溯、匿名、隐私保护等，仿佛一夜之间我们在传统信息系统中遇到的各种问题都可以用区块链技术来解决。实际上，区块链技术的应用同样存在着局限性和不足，只有正确理解了区块链技术的特点，才能够设计出合理的区块链应用。

去中心化与透明可信

通过前文的介绍，我们知道与传统中心化信息系统相比，区块链系统所有的节点在功能上都是对等的，每个节点都能够自由获取系统中的所有数据，并能够独立对系统中的交易进行验证。这一点在中心化系统中是不存在的，中心化系统中的所有数据都由中心节点进行管理和维护，只能通过中心节点进行查询。例如，当我们想要查询某个银行账户的所有交易信息时，必须向银行的信息系统提出查询请求并等待银行的审批和反馈，对于所获得交易信息的正确性校验只能依赖对银行的信任。而在比特币系统中，任何人都可以获得比特币系统创建以来所有账户的所有交易信息，并且能够确信这些交易信息是正确的。

对于我们来说，区块链技术的去中心化和透明可信特征是一把双刃剑，一方面它为我们提供了一种不依赖中心节点的信息保存方式，避免了因中心节点失信而导致的信息丢失或被篡改；另一方面它也将我们的信息暴露给了所有人，可能会带来泄密等问题。例如，将合作协议保存在区块链系统中，可以避免协议内容丢失或被篡改，但也会让无关的第三方获知协议的内容；虽然可以将协议加密后保存到区块链上，让第三方无法获得协议内容，但存在协议这件事对第三方来说可能就是有价值的。

不可篡改与可追溯

区块链技术经常会被人提起的特征就是不可篡改与可追溯，让我们觉得任何信息只要被保存到区块链系统中，从此就高枕无忧了。实际上，在区块链系统中保存信息依赖的是共识机制在节点间达成共识，信息仍存在被修改的可能。以 PoW 算法为例，如果一个矿工节点或者多个矿工节点联合起来，所拥有的计算能力超过系统中所有矿工节点计算能力总和的 51%，则他们就有能力控制区块中保存的内容，甚至修改已达成共识的区块中的内容。这种情况被称为“51% 攻击”。对于比特币系统、以太坊等大型区块链系统来说，掌握 51% 计算能力的成本非常高，因此发生“51% 攻击”的可能性很小；但对于一些小规模的区块链系统来说，进行“51% 攻击”的成本会小很多，过去几年已经发生多起针对小规模区块链系统的“51% 攻击”事件，均导致了系统用户的代币损失，有的甚至直接导致系统停止运营。

可追溯指的是区块链系统中的所有交易都会被保存在

区块中，通过查询历史交易信息，我们可以追溯每个代币的来源。现在有一些应用声称利用区块链技术实现了产品全生命周期可追溯，能将生产、运输、存储、销售和交换等各个环节中产生的数据保存到区块链系统中，让人们相信这些数据是真实的并且是无法篡改的。这样的需求用中心化的信息系统一样可以实现，但中心节点的所有者有能力对数据进行篡改，所以会让人心存疑虑。其实对于区块链系统来说，如果规模不够大，同样会存在数据被篡改的可能。此外，在区块链系统中能够追溯的只是保存下来的交易信息，并不能保证用户提交信息的正确性。所以，对于这些“追溯”类的应用，我们还是要通过分析其数据处理过程及其与区块链的交互方式才能判断其有效性。

匿名与隐私保护

对于联盟链和私有链来说，只有认证过的用户才能够访问系统，所以也就不存在匿名的可能。对于公有链来说，系统通过账户的私钥来识别用户，并不关心谁拥有了这个私钥。任何人都可以随时创建新账户，使用新账户和对应的私钥来访问系统，这就实现了一定程度的匿名。但在实际使用过程中，每次都创建一个新账户来进行交易会很不方便；而且一旦新账户与已知身份账户之间发生交易，由于所有的交易都会被保存在区块中，就容易被人追查。区块链的匿名与隐私保护对于现实当中的正常交易意义不大，但对于违禁品买卖等违法交易是有吸引力的，这是基于区块链技术的加密数字货币系统被人诟病的一个方面。

性能与成本问题

区块链系统经常被人称作分布式账本或者分布式数据库，这很容易让人误以为它可以替代现有的数据库系统。在传统的信息系统中，大部分的数据都保存在底层的数据库系统中，由数据库系统软件来保证数据的一致性、可用性和完整性，并提供对数据处理的性能保证。例如，目前银行信息系统所用的数据库软件基本能够保证每秒几万笔的交易处理和存储几十年的交易记录。而对于区块链系统来说，由于共识算法的限制，并不能做到对交易的实时处理，如比特币系统每10分钟才生成一个新的区块；另外，由于所有的数据都要被广播到每一个节点，每一个节点都要保存一份完整的数据，显然太大规模的数据很难被区块链系统保存和传播。因此，区块链系统并不能替代传统的数据库系统，数据规模和交易频率方面的限制决定了它仅适合处理小规模低频交易。

在前文中我们提到，为了鼓励矿工节点参与到系统的共识过程中，区块链系统大都会在新区块中生成新的代币，作为胜出矿工的奖励。但作为一个加密数字货币系统来说，不可能无限制地发行代币，每个系统都会在软件中设置一个发行总量，当发行的代币达到总量限制后就不再生成新的代币。届时将如何激励矿工节点参与系统共识呢？区块链系统允许用户在提交交易时附加一些代币作为手续费，这些代币可以作为矿工节点参与共识过程的劳动报酬，胜出的矿工可以将新区块中附加的交易手续费都转至自己的账户。从矿工的角度来看，自然是首先将那些手续费高的交易打包到新区块里面，于是在系统繁忙的情况下，交易的手续费必然不断攀升。所以，在设计基于公有区块链的应用时，一定要关注交易成本问题。

区块链应用生态圈

对于传统的信息系统来说，其开发、应用和运维已经有了成熟的生态圈，每种角色在其中各司其职，相互配合。区块链应用生态圈正处于建立过程中，对其中各种角色职能的分析能够帮助我们更好地理解区块链技术的特点。

图 2-8 展示了区块链应用生态圈中各种角色之间的关系。其中，平台软件开发者负责开发、修订和升级区块链软件；矿工用户和普通用户是区块链平台的参与者，他们之间的区别在于矿工用户会参与平台的共识过程；应用软件开发者在应用软件中集成了区块链的访问接口，让应用软件可以将部分数据提交到区块链平台上保存；运行了应用软件的服务器以普通用户的角色来访问区块链平台；应用用户仅访问应用服务器，通过应用服务器间接使用区块链平台，他们可能感知不到区块链平台的存在。

区块链平台软件开发者

传统的信息系统通常都是由系统所有者自己或其指定的软件公司开发的，出于知识产权和系统安全性的考虑，软件的源代码一般不会对外公布。系统的安全性和可靠性主要依赖所有者对软件代码和运行环境的维护。由于区块链

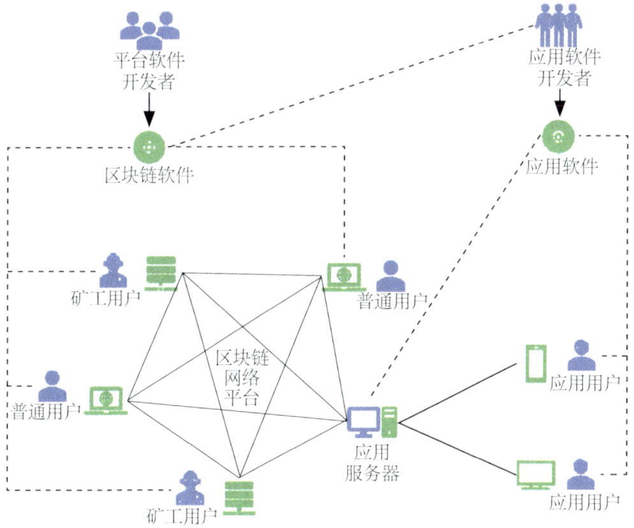

图 2-8　区块链应用生态圈

系统中没有负责管理的中心节点，整个系统的运行完全依赖区块链软件中运用的算法，一旦软件中存在漏洞或恶意代码，则系统的公平性、安全性和可靠性就有可能出现问题。为了能够让所有用户都确信软件实现的正确性，现有区块链软件的开发基本都采用了开源的方式。

开源是一种软件开发的方式，其过程通常是基于公开的软件开源社区来管理软件开发。开发者在开源社区上公布软件的源代码，任何人都可以对源代码进行审查，也可以参与到软件的开发过程中。例如，比特币系统和以太坊系统的核心源代码在开源社区 GitHub 上都可以找到。开源方式可以最大限度地消除用户对软件质量的担忧，任何对软件的修改都必须提交到开源社区，在得到大部分开发者认可后才能够被集成到新版本中。目前，即使是由一家企业主导的区块链系统，也会采用开源的方式来进行开发；任何不开源的区块链系统都很难得到用户的认可。

矿工用户

如前文所述，矿工用户参与区块链系统的主要目的是通过挖矿（参与共识计算竞争）来获取代币奖励和交易手续费，他们也被称为全功能节点（full node）。这些节点会运行区块链的所有功能，包括接收、验证和传播交易，生成新区块参与共识计算竞争，接收、验证、存储和传播新区块等。为了提高挖矿的竞争力，矿工节点通常会使用面向哈希运算进行优化的专用矿机。随着加密数字货币的价值不断攀升，挖矿竞争也越来越激烈，个体矿工越来越难在竞争中胜出。为了应对这种状况，一种新的挖矿形式——矿池出现了。矿池是一种由多台个人矿机联合起来进行挖矿的形式，即多台矿机合作产生一个区块，然后按照所贡献的算力来给各矿机分配代币奖励。

普通用户

普通用户参与区块链系统的主要目的是进行代币交易或利用系统功能完成一些自己的任务，如记录信息或执行智能合约等。由于不参与挖矿的竞争，这些节点也被称为轻节点（lightweight node），他们所使用的区块链软件在功能上可以被简化，如不保存所有的区块。为了能够正常使用区块链系统的功能，轻节点必须与至少一个全节点建立连接，从全节点那里获取所需的区块数据。

为了方便使用区块链系统的功能，普通用户通常会安装专用的客户端软件，如经常进行代币交易的用户会使用钱包（Wallet）客户端。钱包客户端中可以集成不同区块链系统的访问接口，可以同时管理多个账户，这样极大地方便了用户的使用。为了让用户对软件的安全性放心，这些客户端软件多数也会采用开源的方式进行开发。除了这些专用的客户端软件外，越来越多的传统信息系统也开始将区块链系统的访问接口集成在它们的功能中，利用区块链来存储共识信息或执行智能合约。这些系统的应用服务器也可以被看成是区块链系统的普通用户。

应用软件开发者

这里所说的应用软件特指集成了区块链系统访问接口的那些应用系统。对于这些系统来说，区块链系统仅仅是它们可以使用的众多外部资源中的一种。例如，我们开发了一个作业提交系统用于方便学生上传课后作业，我们可以选择将学生提交的作业保存在应用服务器的磁盘中，也可以将作业通过网络云盘的访问接口保存到网络云盘中，同样可以通过区块链系统的访问接口将作业保存到区块链系统中。使用区块链系统的优势在于不会因为磁盘损坏或网络云盘故障导致数据丢失，难点在于需要正确理解区块链技术的原理和特点并能够在应用中合理地使用区块链。

这一类的应用系统仅仅是作为普通用户来使用区块链系统的功能，只需要为整个应用系统创建所需的区块链系统账户即可，对区块链系统账户的管理和使用也都集成在应用系统内部。从根本上来说，这些系统只是把区块链系统作为一种外部资源来使用，因此它们通常不需要开源。

应用用户

对于上述集成了区块链系统访问接口的应用软件来说，它的用户不用创建自己的区块链账户，可以仅仅通过应用服务器来间接地使用区块链系统的功能，也可以创建自己的区块链账户，作为自己在应用系统中的唯一身份，并使用自己的密钥对与应用服务器进行通信。他们与传统应用系统的用户并无显著差别，但了解区块链技术的原理和特点有助于更好地使用应用软件的功能。

三　典型应用分析

为了能够向读者直观地展示区块链技术在非数字货币领域的应用，我们选择了两个应用场景进行分析：宠物养成游戏和学生实习经历认证系统。前者基于一个流行的去中心化游戏，后者是虚构的。本章首先介绍每个应用场景的功能需求；然后介绍基于传统信息技术的实现方式，并分析系统所有者和用户之间存在的信任问题；最后介绍引入区块链技术之后的实现方式，并讨论如何解决信任问题，以及区块链技术带来的新问题和挑战。

宠物养成游戏

宠物养成游戏是以养育宠物为主要内容的模拟类游戏，

目标是通过养育宠物来使玩家获得满足感、成就感，多用户的在线宠物养成游戏通常支持玩家之间的交互和宠物买卖等玩法。游戏开发商在设计和实现了游戏应用后，通过向用户出售宠物和道具及投放广告等形式获利；游戏玩家在参与游戏的过程中，可以通过花费时间喂养宠物来升级和获取道具，也可以直接向开发商购买道具。对于一些热门游戏中的稀有道具，游戏玩家之间往往也存在着私下的交易。

我们通过一个简单的宠物猫养成游戏来对比使用区块链技术与传统信息技术在实现方式上的差别。这个游戏参考了基于以太坊的去中心化游戏——《谜恋猫》的规则设定。

（1）游戏中会生成新的宠物猫，玩家可以通过免费生成或者直接购买的方式获得。

（2）每只宠物猫都有自己的基因数据，基因决定了宠物猫的外观特征（颜色、眼睛、耳朵和尾巴等），特征的稀有性决定了宠物猫的价值。

（3）任意两只宠物猫都可以通过游戏设定的生育算法产生一只新的宠物猫，新猫咪的基因特征由其双亲的基因决定。每只宠物猫在参与生育后都必须等待一段时间才能再次参与生育。

（4）玩家之间可以进行宠物猫的交易。玩家在为自己的宠物猫寻找生育伙伴时需要向对方和游戏运营方付费。

在游戏推广的初期，游戏公司免费向玩家发放宠物猫；在后期的运营过程中，游戏公司通过出售新宠物猫和向玩家收取生育费来获利。玩家在参与游戏的过程中通过养猫、繁殖来获得新的宠物猫，拥有稀有基因特征的宠物猫具有较高的价值。玩家可以通过出售宠物猫和使猫参与生育来获利。

基于传统信息技术的实现方式

目前市面上的宠物养成游戏大都采用传统的中心化信息技术实现，功能上分为服务器端和客户端两个部分。以图 3-1 所示的宠物猫游戏为例，游戏公司会开发服务器端程序并部署在专用的服务器上，游戏玩家在参与游戏的过程中通过网页客户端或应用程序客户端来与游戏公司服务器进行交互。出于安全性和性能的考虑，游戏的功能处理逻辑全部在服务器端实现，客户端的功能则较为简单。

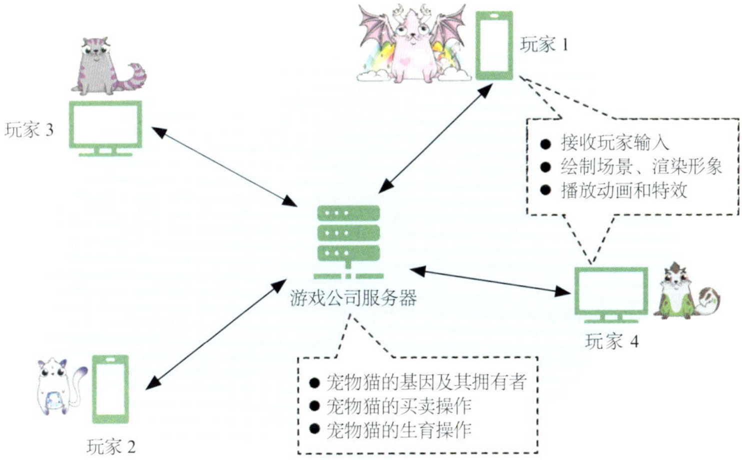

图 3-1　中心化宠物猫游戏架构

服务器端程序实现的功能包括：

（1）存储和维护所有玩家的信息、所有宠物猫的基因数据和图片，以及玩家和宠物猫之间的拥有关系；

（2）提供宠物猫买卖和生育的交易市场，实现所有操作的处理逻辑；

（3）根据客户端发送的玩家输入完成相应的功能处理，记录所有的操作日志，并将结果数据返回客户端。

客户端实现的主要功能包括：

（1）接收玩家的输入并发送给游戏公司服务器；

（2）接收服务器发送的数据；

（3）根据玩家的输入和服务器的数据，绘制游戏的场景，渲染宠物猫的形象，播放动画和特效等。

在这样的中心化架构下，游戏公司控制所有的数据和功能，通过优化软件功能和服务器硬件配置为玩家提供较好的游戏体验和服务。例如：

（1）当玩家在游戏中发现功能故障或性能问题时，可以及时通知游戏公司进行修改和维护；

（2）当玩家不慎忘记了登录账户密码时，可以通过向游戏公司提供必要的信息来重置账户密码；

（3）当玩家之间发生宠物猫交易纠纷时，可以请求游戏公司进行仲裁。

玩家对游戏公司的信任是中心化架构能够良好运转的基础，即玩家相信游戏公司拥有足够的技术能力来维护游戏的功能，能够合法地使用所搜集的用户信息，能够公平地处理纠纷。由于玩家在中心化架构中处于受支配的弱势地位，这就存在着一定的风险，例如：

（1）当游戏公司出现技术故障导致数据无法恢复或丢

失时，玩家会丢失其所拥有的宠物猫，甚至丢失所有的账户信息；

（2）游戏公司会搜集玩家的个人信息，玩家面临隐私泄露的风险；

（3）游戏公司可以通过修改功能算法来操控游戏，如短期大量产生带稀有基因的宠物猫，这对已经拥有宠物猫的玩家是不公平的；

（4）玩家与游戏公司发生纠纷时，维权较为困难，如游戏公司认为玩家作弊而对其进行惩罚，则玩家向第三方申诉时，很难获得所需的全部日志数据。

基于区块链技术的实现方式

《谜恋猫》是一款基于以太坊区块链技术的宠物养成游戏，实现了上文所描述的基于传统信息技术的宠物猫游戏的所有功能。它与中心化架构实现方式的主要区别在于，区块链技术的实现方式是将宠物猫的基因数据、拥有关系、买卖和生育操作等核心功能放在去中心化的以太坊平台上，所有的玩家都能够看到这些数据和功能的实现，游戏公司不再拥有对游戏的任意控制权。图 3-2 展示了基于以太坊的去中心化宠物猫游戏架构，其中包括三个部分：以太坊智能合约、游戏服务器和网页客户端。目前《谜恋猫》仅提供网页访问，要求玩家通过浏览器访问游戏公司的服务器；同时，为了访问以太坊平台上的智能合约，玩家还必须安装加密数字货币钱包应用，如 Metamask 或 Dapper，并且以数字钱包中的以太坊账户地址作为唯一身份来登录游戏。

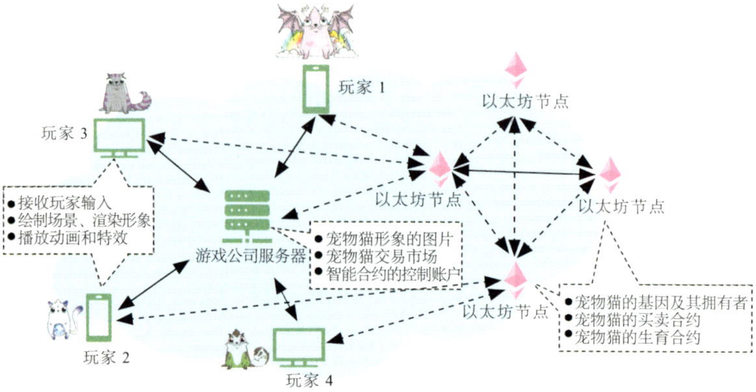

图 3-2　基于以太坊的去中心化宠物猫游戏架构

游戏公司服务器实现的功能包括：

（1）存储和维护所有宠物猫的形象图片；

（2）提供宠物猫买卖和生育的交易市场；

（3）根据游戏规则和客户端发送的玩家输入，调用以太坊平台上相应的智能合约，并将智能合约的执行结果通知客户端；

（4）通过控制账户来维护游戏部署在以太坊平台上的智能合约。

游戏的网页客户端实现的主要功能包括：

（1）接收玩家的输入并发送给游戏服务器；

（2）接收服务器发送的数据；

（3）根据玩家的输入和服务器的数据，绘制游戏的场景，渲染宠物猫的形象，播放动画和特效等；

（4）通过加密数字钱包应用来访问游戏公司部署在以太坊平台上的智能合约。

我们可以注意到，在《谜恋猫》游戏中，游戏公司的服务器不再存储和维护玩家的信息、宠物猫的基因数据以及玩家和宠物猫之间的拥有关系，同时也不再处理宠物猫的买卖和生育操作。玩家以加密数字钱包中的以太坊账户地址作为唯一的身份标识来参与游戏，所有宠物猫的基因数据和拥有者信息都被保存在以太坊平台上的智能合约中。这些智能合约都由游戏公司编写并部署在以太坊平台上，其源代码通过开源的形式被公开，任何人都可以查看智能合约的处理逻辑和数据。虽然游戏公司可以部署新的合约来替换旧的合约，但是这种公开部署的方式让任何修改都处于公众监督之下，使得游戏公司不能够再任意改变游戏的规则，否则将会伤害游戏的公信力。《谜恋猫》游戏在以太坊平台上部署了多个智能合约，主要完成以下功能：

（1）将宠物猫以代币的形式保存在以太坊平台上，同时记录每只宠物猫的基因数据和拥有者信息。

（2）两只宠物猫可以通过生育合约生成一只新的宠物猫，新猫的基因可以根据父母的基因通过算法计算得到。

（3）拍卖合约中实现了拍卖猫咪以及提供公猫配种服务的处理。

（4）游戏中最初的一批宠物猫由合约实现，即每 15 分钟产生一只，并且限定了数量。此后新的宠物猫可以通过生育合约产生，数量没有限制。

在基于区块链技术的去中心化架构下，虽然游戏公司设计了游戏的规则并且开发了相应的软件和智能合约，但是游戏公司并不拥有游戏的全部控制权，玩家甚至可以绕开游戏公司来参与游戏。例如，玩家可以不通过游戏公司的服务器，直接在以太坊上进行宠物猫的交易。对于上文中提到的玩家在中心化架构下所面临的风险，在基于区块链技术的去中心化架构下都能较好地解决。

（1）由于宠物猫的基因数据和拥有者信息都保存在以太坊平台上，即使游戏公司服务器出现故障甚至游戏公司倒闭，丢失的也只是宠物猫形象的图片，玩家的宠物猫不会丢失。

（2）游戏公司只能够获得玩家的以太坊账户地址，最大限度地降低了隐私泄露的风险。

（3）任何对游戏规则和处理逻辑的修改都是通过以太坊平台上的智能合约来实现的，是对所有人公开的，这在一定程度上保证了游戏的公平性。

（4）游戏中的所有交易都是通过智能合约来实现的，游戏公司不能采取任何手段剥夺玩家对于宠物猫的拥有权。

基于区块链技术的去中心化架构能够解决游戏公司和玩家之间的信任问题，但同时也存在着一些不足之处：

（1）区块链平台上智能合约的处理性能直接影响游戏的性能和玩家的体验。例如，《谜恋猫》游戏上线不久便受到许多玩家的追捧，一度在以太坊平台上造成了大规模拥堵，导致许多交易长时间等待被执行。

（2）受以太坊平台性能和成本的影响，游戏只能将少量关键性的数据保存在智能合约中，宠物猫形象图片等大量的数据仍然被保存在游戏公司的服务器上，因此玩家还不能完全绕开游戏公司来参与游戏。

（3）当玩家不慎遗失了以太坊账户的密钥时，任何人（包括游戏公司）都无法帮助其恢复对账户的访问。

学生实习经历认证系统

毕业之前去知名企业实习是大学生获取职业技能和经验的重要途径。在竞争激烈的就业市场上，面对一份心仪的工作，能够在求职简历上列出相关的实习经历和项目经验，对于应届毕业生来说无疑是非常有用的助力。然而，对于用人企业来说，面对大量的求职简历，逐一验证每个求职者实习经历和工作经历的真伪是一件费时耗力的事情。用人企业通常只对少数重要的关键岗位进行较为详细的背景调查，对于核查应届毕业生的全部实习经历缺少经济高效的手段方法。

张伟是一位互联网行业的创业者，他和小伙伴们瞄准了这个市场需求，决定开发一个大学生实习经历认证系统来帮助用人企业解决这一难题。他们参考中国高等教育学生信息网（学信网）的模式，希望像学籍学历信息查询与认证服务一样，让用人企业可以通过他们的系统快速查询求职学生所提供的实习经历的真伪。作为具有丰富互联网应用开发经验的团队，他们很快开发出了一个名为InternCert的实习经历认证系统，实现了实习岗位发布、申请和过程管理与评价等功能。该系统能够将实习过程中的各种数据都保存在数据库中，并可以根据这些数据为实习学生出具认证证书，还可以为用人企业提供证书验证服务。

基于传统信息技术的解决方案

InternCert 系统的最初版本采用了开发团队所熟悉的成熟技术，包括流行的网页应用框架、开源数据库系统和应用监控运维工具等。经过严格的功能测试和性能测试，系统正式上线了，张伟和小伙伴们信心满满地注册了一家初创企业来进行运营。

根据 InternCert 系统的设计，整个实习经历认证服务的处理流程如图 3-3 所示，主要包括如下几个步骤：

（1）实习企业在 InternCert 系统中进行注册，经过营业执照验证后，可以在系统中发布实习岗位和要求，这些信息会被保存在系统的数据库中，并展示在 InternCert 系统的主页上。

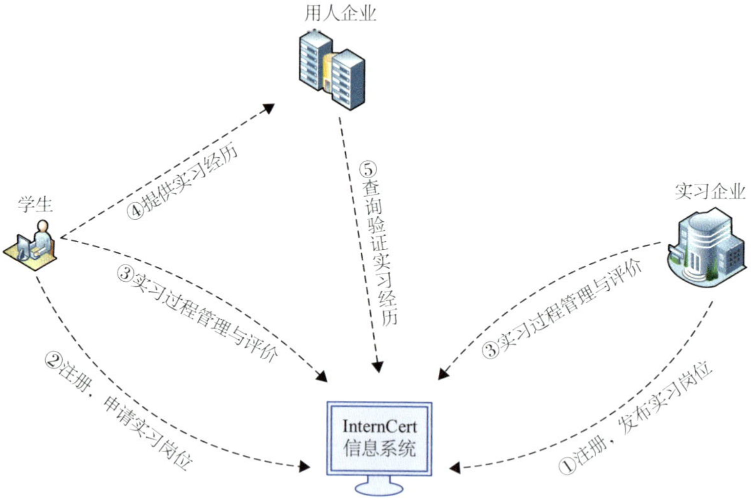

图 3-3　传统实习经历认证系统的应用流程

（2）学生同样在InternCert系统中进行注册，经过学生身份验证后，可以在InternCert系统的主页上查询实习岗位，并提交实习申请。实习企业审查所有的实习申请后，可以通过系统发出录用通知。相关的信息都会被保存在系统的数据库中。

（3）在实习过程中，实习企业和学生都可以通过InternCert系统来记录各种信息，包括任务分配、工作进展和工作评价等，这些信息同样会被保存在系统的数据库中。

（4）在实习工作结束后，InternCert系统可以根据数据库中保存的信息为学生出具实习经历认证证书，学生可以在求职过程中通过向用人企业提供实习经历认证证书来佐证其实习经历的真实性。

（5）用人企业在收到学生的求职申请时，可以通过InternCert系统来对学生提供的实习经历进行验证。

看起来InternCert系统的功能可以满足实习企业、用人企业和实习学生对于实习经历进行管理和验证的基本需求。然而，实际的推广过程并不顺利，InternCert系统为学生出具的实习经历认证证书并没有得到用人企业的广泛认可。

让我们一起来分析一下，对比学信网的学籍学历信息查询与认证服务，InternCert系统的服务主要有哪些不同。张伟认为，在系统实现技术上，两者应当没有太大的差别，而InternCert系统的互联网基因还可能让其在界面美观性和操作便利性上超过学信网。然而，决定一个认证系统被认可程度的主要因素并不是技术的先进性，而是数据的真实可信性。学信网由教育部学生服务与素质发展中心主办，并由中心控股的学信咨询服务有限公司负责运营，是教育部指定的中国高等教育学历证书查询唯一网站。简单来说，学信网拥有最准确、最及时和最权威的数据来源，我们都认可其所提供数据服务的真实可信性。显然，一个由私立初创企业运营的 InternCert 系统并不具备这样的权威地位，在数据的采集、管理和使用的每一个环节中，都存在数据被伪造和篡改的可能，因此数据服务的真实可信性难以保证。例如，InternCert 系统运营团队的内部人员有可能出于经济目的去修改数据库中的信息，或者实习学生和实习企业合谋编造虚假实习经历等。

基于区块链技术的解决方案

经过讨论，张伟认识到，对于 InternCert 这样的系统来说，提高数据的真实可信性是其服务被市场认可的基础。因此，他决定一方面通过完善业务流程中的审核措施，以及加强企业内部数据安全管理等手段来规范自身的经营行为，塑造良好的企业形象和服务口碑；另一方面，通过引入区块链等新的技术手段，从技术上杜绝关键数据被篡改的可能，提高多方合谋造假的难度，切实保证系统中数据的真实可信性。接下来，我们就看看张伟是如何利用区块链技术对 InternCert 系统进行改造的。

在 InternCert 系统中引入区块链技术之后，整个实习经历认证服务的处理流程如图 3-4 所示，主要包括如下几个步骤：

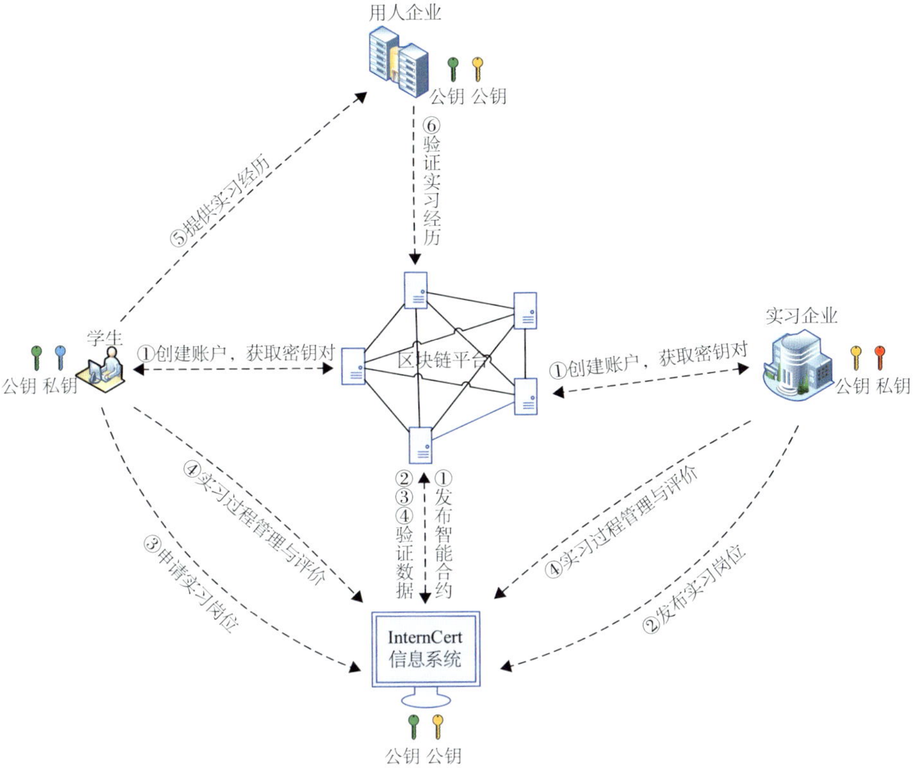

图 3-4　结合区块链技术的实习认证系统的应用流程

（1）实习企业和实习学生都需要在区块链网络平台上创建自己的账户，并且获得各自的密钥对。InternCert 系统在区块链网络平台上发布用于记录和验证实习经历摘要信息的智能合约。

（2）实习企业将使用私钥加密后的实习岗位信息发送给 InternCert 系统，系统收到后使用实习企业的公钥进行解密，获取实习岗位信息，保存在数据库中并展示在 InternCert 系统的主页上，同时将实习岗位信息的验证数据（如哈希值）保存到区块链平台的智能合约中。

（3）学生提交经私钥加密后的实习申请，一旦获得实习岗位，相关的信息都会被保存在 InternCert 系统的数据库中，同时相关的验证数据也会被保存到区块链平台的智能合约中。

（4）在实习过程中，实习企业和学生同样可以通过 InternCert 系统来记录各种互动信息，所有的信息都通过加密技术来确保不会被篡改。这些信息同样会被保存在系统的数据库中，同时相关的验证数据也会被保存到区块链平台的智能合约中。

（5）在实习工作结束后，InternCert 系统可以为学生出具实习经历认证证书，学生可以在求职过程中通过向用人企业提供实习经历认证证书来佐证其实习经历的真实性。与之前不同的地方在于，认证证书中会包含区块链平台上的智能合约地址及相关的验证数据。

（6）用人企业在收到学生的求职申请后，可以直接通过区块链平台来对学生提供的实习经历进行验证。

与前一个版本相比，新系统所提供的服务并没有变化，仍然是实习岗位发布、申请和过程管理与评价以及实习经历认证，差异主要体现在技术方面：

（1）InternCert 系统不再需要实习企业和学生提供营业执照及学生证来证明他们的身份，只需要他们提供在区块链平台上的账号作为唯一的身份证明。对于用户身份的验证则交给区块链平台来完成。

（2）虽然关于学生实习的信息仍然被保存在 InternCert 系统中，但是在这些信息被存储的同时，相关的验证数据就会被保存到区块链平台的智能合约中，任何人都可以查看和校验，这就确保了系统中的信息不会被篡改。

张伟希望区块链技术能够帮助 InternCert 系统打消客户对于数据真实可信性的疑虑。从原理上来看，区块链技术能够确保实习信息的验证数据不被篡改，任何对实习信息的修改都无法通过验证数据的校验，任何后期伪造的实习信息都无法影响时间匹配的验证数据，这就提高了数据的可信性。然而，区块链技术也为 InternCert 系统带来一些不便，除了增加系统的技术复杂性之外，还会增加系统的运营成本和对区块链平台的依赖性。

选择一个技术成熟并且稳定运行的区块链平台，是新版本 InternCert 系统能够被市场广泛接受的基础条件。一个方案是使用以太坊等知名的公有区块链系统的平台，这些平台具有庞大的用户群，基于数字货币奖励的激励机制和数字货币交易能够保证平台的长期稳定运行，但在这些平台上部署智能合约及参与交易需要支付手续费，这会增加系统的运营成本。另一个方案是使用具有较好公信力的联盟区块链系统的平台，这些平台通常由行业内知名的企业和机构发起，支持的功能和共识的效率要优于公有区块链系统的平台，但只对特定范围内的用户开放，InternCert 系统需要申请加入联盟以获取准入资格。

此外，用户对于区块链技术的了解及接受程度也会直接影响 InternCert 系统的推广，每个企业和学生在使用 InternCert 系统的服务前，都先要在相应的区块链平台上注册一个账户。当区块链平台账户像微博账号和微信公众号一样流行时，InternCert 系统将会更容易被用户接受。

区块链的价值与限制

通过第二章对区块链技术原理的介绍以及本章中的两个典型应用，我们对区块链技术有了进一步了解。从技术角度来看，区块链并不是一种新的颠覆性技术，而是对密码学、分布式网络和共识算法等技术的集成；但从应用的角度来看，区块链为我们提供了一种全新的应用模式，比特币等数字货币的发行和交易以及《谜恋猫》等去中心化游戏的流行，对我们来说都是一种颠覆性的创新。

对于区块链技术的应用价值已经有了很多讨论，有人说它可以解决多个参与者之间的信任问题，有人说它能够提高信息透明度和传播效率，还有人说它可以重塑产品架构和流程，这些观点还需要更多的成功应用来进行验证。但从技术的角度来看，现阶段区块链的价值主要是提供了一个公开的去中心化平台，关键数据和程序被应用系统保存在这个平台上，且不能被随意地修改，系统运行处于公众的监督之下，从而提高了用户对于应用系统的信任程度。

对于数字货币系统来说，货币的所有权和交易记录是最关键的数据。在传统的中心化系统架构下，这些关键数据是由金融机构保存和管理的，它们处于支配性的地位，拥有冻结甚至修改用户数据的能力。而在比特币等区块链平台上，所有参与者的电脑中都保存有一份完整的数据副本，任何人都没有修改数据的能力，只有账户的拥有者才能够使用私钥，通过平台的共识机制来进行交易。

对于《谜恋猫》游戏来说，宠物猫的数量、种类和所有权是关键数据，宠物猫的生成算法和生育算法是关键程序。如果这些关键数据和关键程序都放在中心化系统中，由游戏公司完全控制，则玩家会处于受支配的不利地位。《谜恋猫》将关键数据和程序都保存在以太坊平台中，通过以太坊上的交易来实现宠物猫的交易，通过智能合约来实现宠物猫的生成和生育，这些都是公开设定的游戏规则，即使游戏公司也不能任意修改。

对于InternCert系统这样的应用来说，虽然中心化的架构能够实现所有的功能，但无法打消用户对于数据真实性的顾虑。在引入了区块链平台后，所有的用户都对应一个区块链平台账户，即使是InternCert系统的所有者也无法伪装成用户来发布信息；在所有关键信息产生的同时就有相应的验证数据被保存到区块链平台上，由于任何人都无法修改验证数据，所以对关键信息的修改就无法通过验证数据的校验。这种机制虽然无法完全杜绝数据造假，但极大地提高了造假的难度。为了伪造一份实习记录，必须经过实习企业、学生和InternCert系统所有者三方合谋，而且必须从发布实习岗位开始，严格按照时间节点进行伪造，否则无法在区块链平台上保存符合时间记录的验证数据。

在设计和实现应用系统时，将关键数据和程序保存到区块链平台，能够提升用户对应用系统的信任程度。在这样的应用模式中，区块链平台发挥的作用类似于我们所熟悉的公有云平台，但两者之间有根本性的差别。公有云平台是由云计算服务企业完全控制的中心化系统，通过出租存储和计算资源来获利；而区块链平台不属于任何企业和个人，是基于公开协议和算法的去中心化系统。基于目前区块链技术发展的现状，与公有云平台相比，区块链平台在使用上有更多的限制。

一是现有的公有云平台能够为用户提供足够的数据存储空间，如百度云可以为普通用户提供2TB的存储空间。而区块链平台的数据需要保存到每一个参与者的电脑中，这就限制了可存储数据的大小，参与者只能保存少量的关键数据。例如，比特币系统的每个数据区块大小只有1MB左右，以太坊系统的每个数据区块大小始终没有超过0.1MB。这也是《谜恋猫》游戏将宠物猫的基因数据保存在以太坊中，而宠物猫的形象图片等大量数据还是保存在自己的服务器中的原因。

二是现在使用公有云平台执行程序的性能与使用本地服务器相差不大，有些情况下甚至更快。而受限于共识机制的效率，区块链平台上的交易性能远远落后于中心化系统。例如，比特币系统大约每10分钟生成一个数据区块，最多包含4000多笔交易，折合每秒处理不超过7笔交易；与之相比，目前的金融系统每秒可以轻松处理上千笔交易。以太坊生成区块的速度和吞吐率要好于比特币系统，但也远远没有达到中心化系统的性能。虽然有一些用于提升区块链系统性能的优化技术，但是往往以增加技术复杂性、降低使用便利性和牺牲去中心化特性为代价。性能的限制让目前的区块链平台仅能用于处理低频交易的场景。

三是区块链平台上的智能合约是公开的程序，需要矿工节点在特定的虚拟机环境下运行，能实现的计算任务受限。例如，生成随机数是计算机程序中经常用到的方法，如果智能合约中包含生成随机数的方法，每个矿工节点在运行时生成不同的随机数，那相互之间就无法进行验证。另外，由于智能合约是公开的，其中存在的程序缺陷就有可能被人利用，这对智能合约的设计和开发提出了更高的要求。2016年，以太坊平台上就发生了黑客利用智能合约漏洞盗取众筹项目数字货币的事件。

四 在教育领域中的应用现状

2020年年初，华东师范大学吴永和教授等人在《远程教育杂志》上发表论文《国内外“区块链+教育”之研究现状、热点分析与发展思考》，对区块链技术在教育领域的发展历程和应用现状进行了介绍，认为从总体上看“区块链+教育”的应用与发展呈现稳步增长、多点关联的趋势，逐渐从理论探索转向实践验证。

本书作者通过搜索引擎在互联网上搜索有关“区块链”+“教育”(或“Blockchain”+“Education”)的信息，逐一访问了相关的网站，并对得到的结果进行了分类，试图探求区块链技术在教育领域中的应用现状。

证书的签发与验证

文凭造假是教育领域当中的一个顽疾，从小说《围城》的主人公方鸿渐到“打工皇帝”唐骏，我们可以举出很多文凭造假的事例。传统纸质证书和学习经历的验证往往需要原签发机构提供验证服务或出具验证文书，这无疑是一件费时耗力的事情。借助区块链技术来生成加密、防篡改和可验证的数字证书，能够帮助教育机构有效减少证书的验证工作。

BlockCerts

BlockCerts 是一个基于区块链技术来创建、发放、查看和验证证书的开放标准，符合这个标准的任何数字记录都可以被保存到区块链平台上，实现加密签名、防篡改和共享。这个标准及相关的软件最初由美国麻省理工学院媒体实验室和 Learning Machine（“学习机器”）公司共同开发，目前由 Hyland 公司进行维护。

图 4-1 是 BlockCerts 官方网站上给出的证书发放和验证流程。证书的签发者、接受者和验证者都不需要为此开发一个新的区块链平台，只要选择一个三方都拥有账户的区块链平台即可。BlockCerts 不仅提供了发放和验证证书的标准，还提供了与之相匹配的程序库，便于用户将这个功能集成到他们自己的应用中。目前 BlockCerts 的程序库

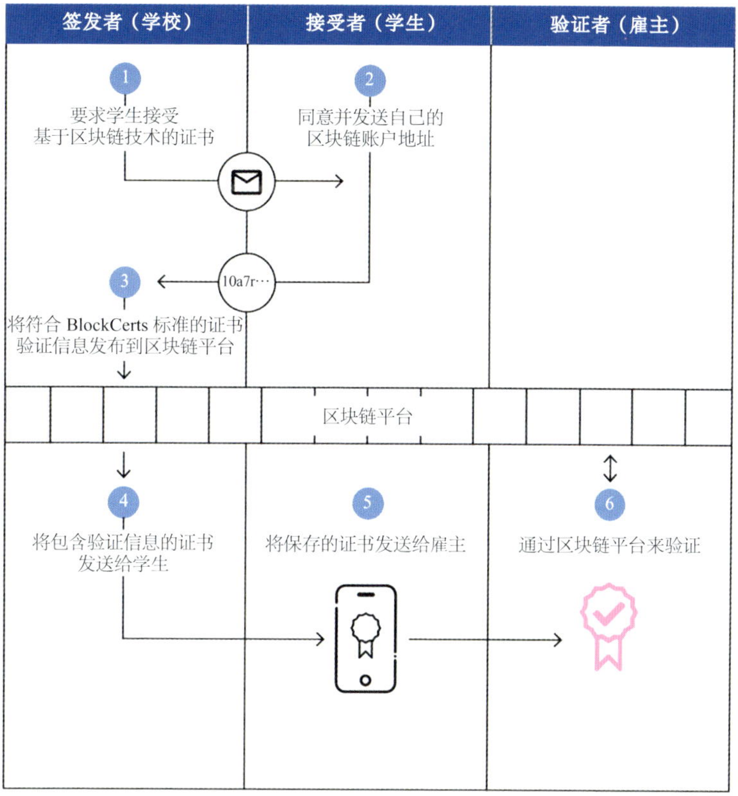

图 4-1　基于 BlockCerts 标准的证书发放和验证流程

所支持的区块链平台包括比特币系统和以太坊，计划在将来支持更多的公有区块链平台，甚至是私有区块链平台。

Hyland 公司基于 BlockCerts 开放标准开发了一个名为 Hyland Credentials（凭证）的产品，用于帮助客户基于区块链技术来签发各种类型的证书。根据 Hyland 公司网站上的介绍，目前该产品的典型应用案例如下：

（1）2017 年 6 月，美国麻省理工学院教务处基于 BlockCerts 为学生签发数字学位证书，同时在其网站上提供了用于签名的公钥和验证服务。

（2）2017 年 10 月，马耳他共和国教育和就业部利用原 Learning Machine 公司的区块链记录平台管理政府签发的各种证书，包括高等教育文凭、技能培训证书和政府项目证书等。

（3）2017 年 10 月，美国国家医疗委员会联合会尝试了使用原 Learning Machine 公司的系统来签发基于区块链的医学教育证书。

（4）2017 年 12 月，美国新墨西哥中部社区学院向毕业生发放了基于区块链技术的数字学位证书。

（5）2018 年春，美国南新罕布什尔大学向毕业生发放了基于区块链技术的数字学位证书。

（6）2018 年 7 月，在拉丁美洲–加勒比地区，由美洲开发银行支持的劳动力准备项目向完成课程的第一批学生发放了基于区块链技术的数字毕业证书。

（7）2018 年 9 月，美国东海岸理工学院向毕业生发放了基于区块链技术的文凭。

（8）2018 年 10 月，加勒比考试委员会在其高级资格考试中使用原 Learning Machine 公司的系统向来自巴巴多斯、牙买加、特立尼达和多巴哥的候选人发放了基于区块链技术的证书。

Certy

Certy 是印度科技公司 Somish 开发的基于区块链技术的证书签发和验证平台，用于帮助教育机构发行通过区块链技术保护的防篡改、可验证的证书。印度 Globsyn 商学院使用了 Certy 系统向学生签发基于以太坊区块链平台的数字证书，并在官方网站上提供了证书验证服务。图 4-2 是 Globsyn 商学院区块链证书验证页面截图，从中可以看到，只要提供证书编号和对应的以太坊交易的哈希值，就可以利用保存在以太坊交易中的数据对证书进行验证。

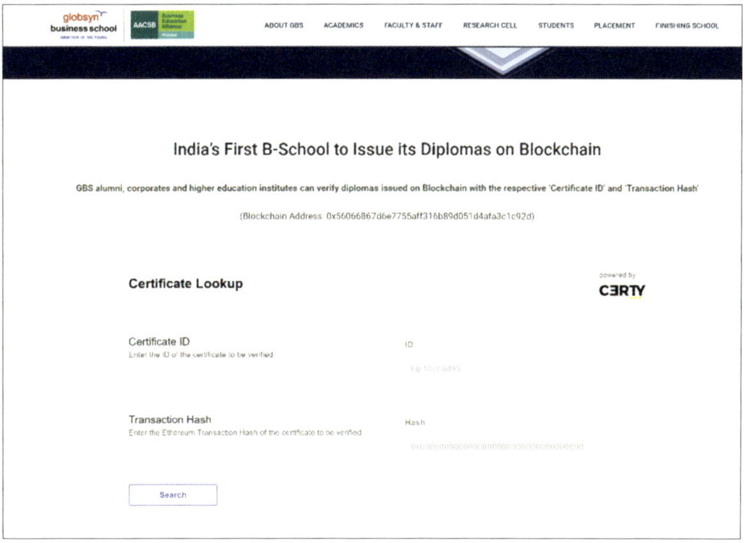

图 4-2　印度 Globsyn 商学院区块链证书验证页面

APP Ⅱ

APP Ⅱ是一个在线的个人简历验证平台。用户在平台上创建个人简历之后，APP Ⅱ会联合相关的教育机构和企业，对用户的身份以及简历中的教育经历和工作经历进行验证，并利用区块链技术来存储和管理验证后的信息，最终为用户生成一份验证简历。如果用户在求职过程中提供这份验证简历，雇主便能够通过 APP Ⅱ 平台快速确认求职者简历内容的真实性，从而避免花费大量的时间和金钱进行背景调查。

在 APP Ⅱ 的官方网站上，我们没有找到他们如何验证简历内容的细节描述，也没有找到关于他们如何使用区块链技术的介绍。在具体应用案例方面，该网站上有和英国开放大学合作的介绍。

在线教育平台

随着互联网和通信技术的进步，在线教育的发展如火如荼，一大批具有影响力的在线教育平台相继出现，如 Coursera、网易云课堂等。现阶段在线教育面临着优质教育资源匮乏、学习效果难以评估、学生付费意愿低和课程学习完成率低等问题。一些在线教育平台尝试使用区块链来解决问题，包括通过奖励代币来对用户进行激励，使用区块链上的智能合约来记录和管理用户的行为等。

ODEM

ODEM（On-Demand Education Marketplace，“按需教育市场”）是一个使用了区块链技术的在线教育培训平台，其功能与传统的在线教育培训平台 Coursera 类似，教育机构和教师可以在平台上开设课程，学生可以通过平台进行在线学习并获取相应的证书。

ODEM 平台的实现可以分为两部分：一部分与 Coursera 平台类似，以云服务的方式为教师、学生和其他用户提供课程内容存储、课程注册、课程学习等服务；另一部分是基于以太坊区块链平台发行名为 ODE 的代币，用户可以使用 ODE 代币来参与 ODEM 平台上的教学活动，并通过部署在以太坊平台上的开源智能合约来管理和记录用户在平台上的教学活动。第一部分采用传统的信息技术实现，并通过以太坊的访问接口库来访问区块链上的智能合约。图 4-3 是 ODEM 官方网站上对于平台生态系统的描述。

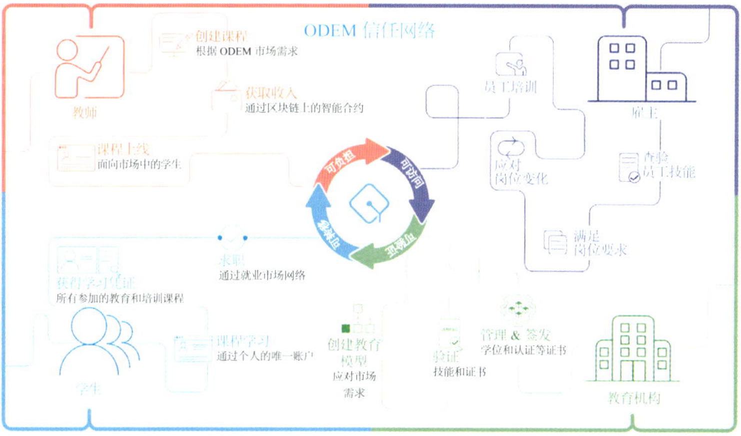

图 4-3　ODEM 的生态系统

ODEM 平台的用户分为教师、学生、雇主和教育机构四种类型，教师可以在平台上创建课程并通过授课来获取 ODE 代币；学生可以参加课程学习、获取证书并使用证书进行求职；雇主可以通过平台查验员工的证书，或者利用平台对员工进行培训；教育机构可以通过平台签发学位文凭或培训证书，提供证书验证服务。传统在线教育培训平台Coursera同样可以提供这些功能和服务，区别在于ODEM将学习过程中的关键数据和管理功能放在以太坊上的开源智能合约中实现，能够解决参与者之间的信任问题。例如学生在注册课程时将学费以ODE代币形式保存在智能合约中，当课程学习结束后，智能合约会根据设定的条款将学费自动转移给教师；如果课程的内容和质量达不到设定的要求，智能合约可以自动将学费退还给学生。这种方式解决了付款和退款过程中可能发生的延迟和纠纷问题。

Tutellus

Tutellus是一个面向西班牙语地区的在线教育平台。为了鼓励用户参与平台上的课程学习，Tutellus基于NEM区块链发行了名为TUT的代币，并且设计出了用户代币奖励机制。TUT代币是一种标准的加密数字货币，于2018年通过ICO的方式发行，并在加密数字货币市场上流通。Tutellus同时还设计了一种名为STUT的内部代币，仅用于对用户的奖励。

根据Tutellus的官方描述，用户获取STUT代币奖励的过程如图4-4所示。当用户在平台上完成课程学习任务之后，可以选择获取100%的STUT代币奖励，也可以选择将其中50%的奖励兑换成TUT代币。拥有STUT代币的数量可以反映用户在平台上的学习情况，可以间接作为用户学习经历的证明。由于TUT代币可以在数字货币市场

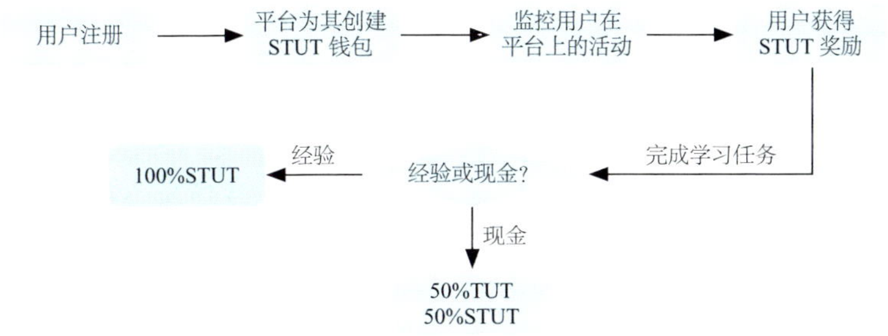

图 4-4 学生在 Tutellus 平台上获取奖励的流程

上进行交易，因此通过学习获取 TUT 代币奖励体现了“学到就是赚到”的思想。

Tutellus 平台有 15 万门课程和 130 万名注册学生。用户可以使用法定货币和 TUT 代币在平台上购买课程，Tutellus 将收入的 10% 拿出来放入代币池，用于对平台上的学习活动进行奖励。

BitDegree

BitDegree 是一个使用了区块链的在线教育平台，通过为学生提供基于加密数字货币的奖学金和学习奖励，激励学生的学习兴趣。2017 年年底，BitDegree 基于以太坊区块链发行了自己的代币 BDG，用于平台上各种用户（学生、讲师、赞助商、数字服务商）之间交易的支付。

根据 BitDegree 发布的白皮书，其代币 BDG 的流通如图 4-5 所示。用户通过在平台上的教学活动来获取 BDG 奖励，可以使用 BDG 来购买平台上的服务，也可以在数字货币交易市场上出售所拥有的 BDG；赞助商和数字服务商可以在数字货币交易市场上购买 BDG，然后使用 BDG 在平

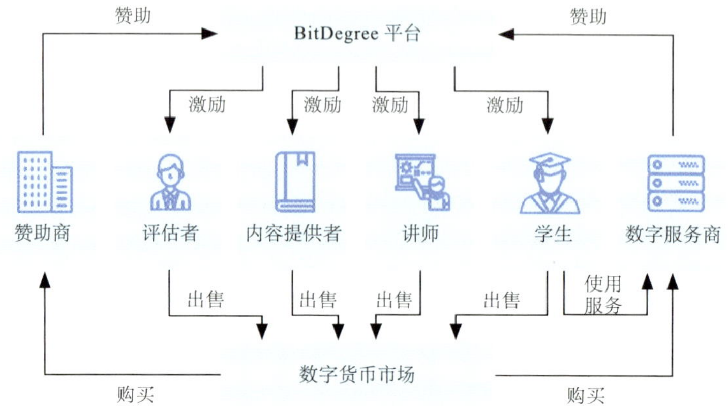

图 4-5　BDG 代币的流通

台上赞助学生的学习活动；平台使用部署在以太坊区块链上的智能合约来管理和分配赞助商的捐赠。

BitDegree 平台上提供关于区块链、商业、数据科学和市场营销等多种门类的课程，已经有超过 180 万名学生在平台上注册。学生可以使用 BDG、ETH 和 BTC 三种加密数字货币购买课程，也可以使用法定货币支付。

面向教育行业的区块链平台

现在，大多数的公有区块链系统是不区分行业的，主要通过发行加密数字货币来吸引参与者；联盟区块链系统通常由某个行业的组织机构联合信息技术服务商发起，主要面向本行业的应用场景提供服务。可以想象，不乏探索者在努力建设面向教育行业的区块链平台。

青藤链盟

青藤链盟是由清华大学创意创新创业教育平台 x-lab 与清华大学多个院系联合筹建，依托清华大学科技创新教育资源，与全国知名院校、科研院所、行业组织共同发起组建的区块链创新教育、创新产业联盟。2018 年 6 月，青藤链盟研究院院长钟宏在一次区块链产业会议上介绍，青藤链是基于以太坊技术打造的全球首个高校共建教育公链，目标是构建未来“链上大学”和培养优秀的区块链人才。

索尼全球教育区块链

索尼全球教育区块链（Sony Global Education Blockchain）是一个基于超级账本项目中的 Fabric 系统构建的区块链平台，用于提供基于区块链技术的电子成绩证书管理服务。其网站上所列出的使用场景包括“高可信度学习记录的保存”和“安心安全地分享学习记录”，前者能够真实保存个人基于计算机的测试及在线学习记录，防止伪造学习记录，后者提供灵活的访问权限控制，能够实现多个教育机构之间的数据共享。

该项目是一个多节点的区块链网络平台，各个利益相关者可以通过提供或参与节点来提高数据的可靠性。为了方便参与者加入，该项目正在开发不同的构建方法，并提供应用程序编程接口用于应用系统与区块链平台对接。

EDC 教育链

EDC 教育链是由上海网班教育科技股份有限公司发起和运维的公共区块链平台，目标是为各类教育培训机构、学校、在线教育平台和文化机构等提供区块链服务。平台采用了与以太坊兼容的技术，采用权益证明共识机制，支持用户发行代币。

基于 EDC 教育链的教育区块链学习银行是专门致力于为各类民办教育培训机构等非学历培训机构提供数字学时记录的信息服务平台，可以为教育机构和学员提供数字学历、学分和证书的存储及验证服务。据悉，已经有 150 多家教育培训机构成为其合作机构。

EDC 教育链的官方网站提供了可供下载的节点程序，任何人都可以通过下载并运行节点程序来加入该平台。然而遗憾的是，其网站上未提供节点程序的源代码开源地址和更多的技术实现细节，这在一定程度上降低了参与者对于平台的信任程度。

其他应用

得益于加密数字货币市场的快速发展，区块链技术受到了广泛的关注，人们在不断地尝试使用区块链技术来解决各种现实问题。虽然有些解决方案最终没有实现当初的目标，但对我们了解区块链技术仍有意义。

第一所区块链大学

2018年，众多媒体报道了伍尔夫大学——世界上第一所区块链大学即将开学的新闻。伍尔夫大学在发布的白皮书中声称，这是第一所拥有自己的代币的区块链大学，是一个无边界的数字教育社区，它重新描绘了教师和学生之间的联系方式，并通过区块链和智能合约来保证学生和教师之间的关系。美国高等教育信息化协会在其发布的《2019年地平线报告（高等教育版）》中，将伍尔夫大学描述为管理学生和教师之间受认可的教学活动的网络，它将允许来自世界各地的学生跟随位于世界各地的教师学习，以获取学位。

目前，在伍尔夫大学的官方主页上已经不存在任何关于区块链的信息，2018年发布的白皮书和销售代币的内容介绍都已经被删除。从其主页目前的内容来看，伍尔夫大学只是一个单纯的远程教育机构，不再以区块链技术作为其运营的基础和特色。

知识分享平台吉尔伽美什（Gilgamesh）

根据新闻报道，吉尔伽美什是一个由以太坊智能合约和区块链技术提供支持的知识共享社交平台。使用吉尔伽美什平台，用户可以在受保护的环境中获取和转移知识，可以通过分享原创知识赚取GIL代币，使用GIL代币购买平台上的商品和服务。GIL代币于2018年年初在以太坊区块链平台上通过ICO方式发行，但目前其在加密数字货币市场上已经没有任何交易量。吉尔伽美什的官方网站已经无法打开，其社交媒体账号早已停止更新。

区块链教育网络

区块链教育网络（Blockchain Education Network，BEN）是一个学习、讨论和分享区块链技术的社区，其目标是引导和鼓励学生应用区块链技术来改变校园、城市和国家。据介绍，该社区中有来自90多个国家和地区的学生，涉及500多所大学，支持了全球80多家区块链俱乐部，组织和参与了全球各种各样的与区块链相关的活动。BEN本身并没有使用区块链技术，只是为学生提供了关于区块链技术的学习材料，组织了与区块链相关的活动。

小结

本章中所介绍的应用案例只是区块链技术在教育领域众多应用案例的一部分，分类也较为简单，目的是让读者能够对技术应用的现状有一个直观的了解。

综合来看，所有的应用案例可以分为两类：一类是以教育行业为背景建设的专用区块链系统，发行加密数字货币或组成行业联盟；另一类是依托现有的区块链系统，利用区块链技术来解决教育领域中的应用问题。前者在技术上与其他加密数字货币系统或联盟链并无区别，仅面向教育领域的应用场景这一特征反而会制约其发展。后者在区块链技术的应用上可以分为三种场景：

（1）发行加密数字货币，并通过数字货币奖励来激励用户创建高质量的教学资源和参与在线学习，用户可以使用数字货币来购买学习资源和服务。在这个应用场景下，数字货币的价值成为整个生态系统的核心，没有价值或价值较低的数字货币很难对用户起到激励作用；高价值的数字货币又可能会导致投机、作弊等影响应用健康发展的行为出现。

（2）将学习记录和证书等学习过程中产生的关键数据保存在区块链平台上，实现加密签名、不可篡改和验证使用等特性。这种应用场景受限于现有区块链技术的性能，仅能用于保存少量、低频的数据。

（3）利用部署在区块链平台上的智能合约来处理在线教育环境中的互动行为，例如对学习效果进行评价和记录，按设定规则处理学费支付等。随着智能合约实现技术的发展，这种应用场景未来可能有更大的发展空间。

最后要说明的是，这三种应用场景并不是相互独立的，完全可以在一个应用中同时存在。

五 挑战和发展

目前，区块链技术的应用有一个明显的现象：一方面，政府、资本、企业和个人都对区块链技术抱有极大的热情，各种关于区块链的新闻频频见诸媒体；另一方面，真正能够投入实际应用的项目少之又少，多数项目都是探索性的实验应用。这说明区块链技术的发展、实际应用的需求和人们对区块链技术的期望之间还存在着巨大的差距。

对于区块链技术的应用，我们需要区分区块链平台和使用了区块链平台的应用系统。前者是一个去中心化的软件生态系统，后者在本质上还是一个中心化的信息系统，只是将区块链平台作为一种外部资源，来存储和管理部分数据和程序。本章主要从这两个方面来讨论影响区块链技术发展的因素，并对区块链技术的未来进行展望。

区块链平台

基于之前章节对区块链技术和应用场景的介绍，我们认识到，在设计和开发使用区块链技术的应用系统之前，首先要选择一个成熟稳定的区块链平台。这就好比在开发一个管理信息系统时要先选择合适的开发工具和数据库软件，在开发一个使用云存储的应用系统时要先选择一个云计算平台一样。本节中首先列出区块链平台的选择标准，然后探讨现阶段区块链平台发展中面临的问题。

平台的选择标准

随着对区块链技术的讨论不断升温，越来越多的应用系统开始尝试使用区块链技术。首先要明确的是，独立去开发和运行一个新的区块链平台对于应用系统来说不是一个好的选择，任何区块链平台如果没有足够数量的独立参与者，都无法体现区块链技术的价值。选择使用一个现有的区块链平台，能够让应用开发者将主要精力投入应用系统本身，避免将过多精力投入区块链生态系统的建设。

对于大多数应用系统来说，在选择区块链平台时应当考察如下几个方面。

运行机制

区块链平台应当具有去中心化的运行机制，任何组织和个人都不能拥有控制平台的能力，这是保证数据不可篡改的基础。一旦某个组织拥有了控制平台的能力，理论上就可以对数据进行任意修改，这样的区块链平台在本质上仍然是一个中心化的系统，依赖参与者对控制者的信任。

实现技术

区块链平台的实现技术应当是公开的，任何参与者都可以对其实现技术进行审查，这是我们信任这样一个平台的基础。现有主流的区块链平台软件都采用了开源的方式进行开发，参与者可以从开源网站上下载软件的源代码，自行编译生成可执行程序，这就确保了软件能够正确执行设定的功能。如果一个区块链平台软件的源代码是不公开的，则很难取得参与者的信任。

生态系统

区块链系统的生态圈中有平台软件开发者、矿工用户、普通用户、应用软件开发者和应用用户五种角色，其中矿工用户的规模和分布决定了平台的去中心化程度和运行稳定性。任何一个区块链平台都应当有合理的激励机制来鼓励平台软件的开发和矿工用户的参与，能够为其他用户提供有价值的服务，从而形成健康、稳定且可持续发展的生态系统。目前的公有区块链系统主要依赖于发行加密数字货币，通过加密数字货币收益来激励用户的参与；而联盟区块链和私有区块链的生态系统运行模式仍然处于探索阶段。

功能和性能

最初的区块链系统用于加密数字货币的发行和交易，仅支持交易记账功能，所以也被称为分布式账本；以太坊中的智能合约让区块链系统具备了一定的程序处理功能。区块链平台对于应用系统的价值在于利用分布式账本存储不可修改的关键数据和利用智能合约来执行关键程序，因此需要关注平台支持的数据类型、数据大小和交易性能，以及智能合约的处理能力。

使用成本

公有区块链平台上的所有交易都需要矿工用户参与并进行确认，因此用户在提交交易时需要以数字货币形式支付一定的手续费，用于激励矿工用户优先确认自己的交易。当区块链平台上存在大量等待确认的交易时，矿工用户会倾向于先确认手续费高的交易，那些手续费低的交易就有可能长期得不到确认。图 5-1 是 2021 年 2 月 17 日的以太坊交易手续费和交易确认时间估计，其中平均交易手续费为 4.55 美元，对应的交易确认时间约为 45 秒；最低交易

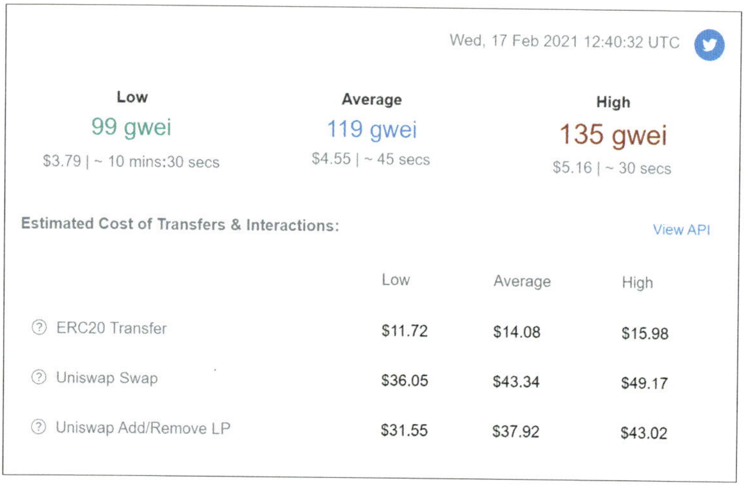
Wed, 17 Feb 2021 12:40:32 UTC

Low	Average	High
99 gwei	119 gwei	135 gwei
\$3.79 | ~ 10 mins:30 secs	\$4.55 | ~ 45 secs	\$5.16 | ~ 30 secs

Estimated Cost of Transfers & Interactions:

View API

	Low	Average	High
ERC20 Transfer	\$11.72	\$14.08	\$15.98
Uniswap Swap	\$36.05	\$43.34	\$49.17
Uniswap Add/Remove LP	\$31.55	\$37.92	\$43.02

图 5-1　以太坊交易手续费和交易确认时间估计

手续费为 3.79 美元，对应的交易确认时间为 10 分 30 秒。而以太坊上 ERC20 等三种类型应用的平均交易手续费分别为 14.08 美元、43.34 美元和 37.92 美元。由此可见，区块链平台的使用成本是一个不可忽视的重要因素。

面临的问题

去中心化的区块链平台在运行方式上与传统的中心化软件系统有着明显的不同。我们所熟悉的软件系统大都是中心化的，例如企业信息系统、云计算平台、网站、社交软件和电商平台等，这些系统都依赖于中心化的服务节点，并由其拥有者负责管理和维护。而区块链平台由于缺少中心化的服务节点，所有的管理和运维都依赖软件中预先设定的规则，当用户发现管理漏洞、软件需要进行修改升级时，整个生态社区必须达成共识后才可以改进。运行方式的不同让区块链平台面临着与传统信息系统不同的发展挑战。

建设生态系统的挑战

在信息技术领域，当一种新技术出现时，通常都会有企业或机构投入资源来开发相应的软件产品。例如，在云计算技术出现后，亚马逊、谷歌、阿里巴巴、腾讯等企业开发了自己的云计算平台；在人工智能技术流行之后，大量的企业都推出了基于人工智能技术的软件产品或技术服务。软件的开发者通过销售软件产品、提供服务或投放广告来获得收益，进而支持软件产品或服务的不断更新升级。

但对于区块链技术来说，其相关软件的开发和应用模式有着明显不同。作为去中心化的多方共识平台，任何企业或个人都不能拥有对一个区块链平台的控制权，也就无法通过直接销售软件和服务来获得收益。因此，通过有效的激励机制让所有的参与者都能够获得合理的收益，最终形成一个足够规模并且可持续发展的生态系统，是一个区块链平台能够稳定运行的基础。

现有的公有区块链平台全部基于加密数字货币来建设其生态系统，软件的开发者大都是系统的早期参与者，通常都拥有一定数量的数字货币；矿工用户通过参与系统的共识过程来获得数字货币奖励；普通用户通过提供服务来赚取数字货币。当一个区块链平台所发行的加密数字货币不断升值时，就会有越来越多的人参与，生态系统的规模就会越来越大；但当数字货币不断贬值时，其生态系统的规模就会缩小。这种基于加密数字货币的区块链生态系统存在两个问题：

（1）除了早期的比特币和以太币等少数加密数字货币，其他数字货币的价值很难得到市场的认可，这就导致其生态系统的规模较小，抵抗风险的能力较弱；

（2）加密数字货币市场上的投机和炒作往往会导致数字货币的价格出现剧烈波动，进而会导致区块链平台上的交易成本出现剧烈波动，让应用系统的使用成本变得不可控。

联盟区块链平台与公有区块链平台的一个主要区别是存在参与者的准入限制，即只有被授权的联盟成员才能够使用平台的服务。这样生态系统不再需要基于加密数字货币的激励机制，通常假定所有的参与者都是诚实且正直的，都能够忠实地履行参与系统的职责。显然，这是一种美好的愿望，如果缺乏合理的治理机制和收益分配机制，就无法保证各个参与者对平台投入足够资源，也无法解决系统中心化趋势和资源滥用等问题。当多个平等的参与者组成联盟来共建一个区块链平台时，最棘手的问题不是采用何种实现技术，而是各方如何分担建设和维护成本，以及平台的收益如何分配等问题；考虑到区块链平台对去中心化特性的要求，如果联盟中的部分成员后期决定不再参与，则可能导致整个平台的崩溃。联盟区块链生态系统的建设和运行机制仍然处于探索当中，这不是一个单纯的技术问题，我们期待很快能有典型的成功案例出现。

近些年，各大云计算服务商开始对外提供BaaS（Blockchain as a Service，“区块链即服务”），其主要模式是通过提供软硬件基础设施来帮助用户搭建联盟链和私有链环境，以及部署使用区块链技术的应用系统。使用BaaS能够帮助用户快速搭建区块链平台环境，并能够方便地与其他云计算资源整合来开发应用系统，但BaaS不能够解决区块链平台生态系统的建设问题。由于软硬件基础设施都由一家云计算服务商提供，因此使用BaaS搭建的区块链平台在安全性、稳定性和可信性上存在风险。

综合来看，现有区块链平台的生态系统或者过度依赖加密数字货币，或者过于简单和脆弱，这都不利于区块链技术的广泛应用。我们期待有更多种形式的有效激励机制和更丰富的生态系统建设方式出现，只有这样才能够让区块链技术在更多的领域中发挥作用。

技术发展的挑战

近些年来，关于区块链技术应用的讨论主要涉及两个方面：一方面在于应用区块链技术所带来的好处，包括降低监管成本、提高信息透明度、提升交易效率和重塑业务流程等；另一方面是关于现有区块链技术的不足之处，特别是区块链技术在企业应用场景下的不足之处。虽然区块链技术被成功应用于加密数字货币的发行和交易领域，但现阶段将其应用于解决其他场景的问题时，在技术上还有很多有待解决的问题，主要包括以下几个方面：

（1）区块链软件仍然不够成熟和稳定。与其他信息技术相比，区块链技术应用和发展的时间还较短，现有的区块链平台软件依然存在较多的功能缺陷和软件缺陷。例如，以太坊平台上的智能合约开发语言 Solidity 不支持小数点，需要开发人员使用变通的方案来处理数值计算。相关的开发指南也明确提到区块链技术仍然处于早期阶段，随着新的软件缺陷和安全漏洞被发现，用户所面临的安全威胁是不断变化的。使用区块链技术的应用开发者需要具备全新的工程思维，因为发布在区块链平台上的智能合约程序一旦出现软件缺陷，很难像传统软件一样通过打补丁和升级来进行修订；与此同时，开发者不仅需要防范已知的缺陷和漏洞，还需要对可能出现的错误做好准备。

（2）区块链平台并不适合于存储数据。有些人将区块链称为新型的“分布式账本”或“分布式数据库”，这让很多人误以为区块链平台可以像传统的数据库管理系统软件一样来存储和管理数据。实际上，由于区块链平台的每个节点都要保存一份完整的数据，并且所有的交易数据都要通过网络发送给所有的节点，这就导致区块链平台对数据的处理能力是极其受限的。如果我们将所有的应用数据都存储在区块链平台上，就很容易出现超出节点存储能力和网络带宽的情况，最终导致平台的崩溃。为了保证平台能够正常运行，现有的区块链平台都对交易和区块数据的大小进行了限制。在使用区块链平台时，我们仍然需要将应用数据保存在本地系统中，只是将应用数据的关键验证数据（如哈希值）保存到区块链平台上。

（3）区块链平台的交易处理性能差。区块链技术的特性决定了所有平台上的交易都必须获得一个唯一的全局序号，并且交易的内容需要被复制到所有的节点中。一方面，区块链平台中参与的节点数量越多，平台的安全性和稳定性就越高；另一方面，越多的节点数量就意味着交易数据需要被复制到越多的节点，平台处理交易的性能就越差。目前的公有区块链平台仅能够支持每秒几笔到几十笔的交易，远远落后于传统数据库系统每秒几千笔甚至几万笔的交易性能。虽然技术人员尝试通过设计新的共识算法和系统架构来努力提升区块链平台的性能，也出现了一些声称可以每秒处理上万笔交易的区块链平台，但这些新的技术大都存在一些新的问题，如牺牲了区块链平台的去中心化程度或系统架构过于复杂等。对于区块链平台来说，去中心化程度的降低会伤害系统的安全性和公信力，复杂的系统架构可能引入更多的潜在缺陷，这些都不利于区块链技术的应用。

（4）安全性仍然存在问题。软件系统的安全性通常是指数据不会丢失、被篡改和被窃取，以及软件功能正确并且不会被非法访问。区块链平台对所有参与者都是公开透明的，每个参与者都可以看到平台上的所有程序和数据，任何弄虚作假的行为都很难通过全体参与制的共识机制得到确认，这是我们信任区块链平台的基础。然而区块链的不可篡改和集体共识特性依赖于矿工节点的数量和构成，一旦有人能够控制大多数的矿工节点，就能够发动对区块链平台的攻击。现实当中已经发生过多次针对小规模区块链平台的“51% 攻击”，这些平台的矿工节点数量较少，攻击者集中大量计算资源参与平台的共识，在短时间内其掌握的计算能力超过了平台总体计算能力的 51%，从而能够控制共识的结果。此外，由于区块链平台本身并不提供身份认证和访问控制机制，数据的公开透明对于很多需要数据保密的场景也是一个安全威胁。

（5）智能合约的问题。智能合约是区块链技术中颇具吸引力的一个特性，能够帮助应用系统实现业务自动化，降低业务的管理成本。智能合约这个名称具有一定的迷惑性，实际上它与目前流行的人工智能技术毫无关系，也不是法律认可的合约，只是一段在区块链平台上公开的计算机程序，当设定的条件满足时，矿工节点就可以通过共识机制将其运行的结果记录在区块链中。

智能合约能否正确发挥作用，依赖其程序编写的质量和外部输入的正确有效的条件。由于区块链平台上用于编写智能合约的脚本语言还不成熟，人们开发和使用智能合约的经验还比较少，大量的智能合约程序都存在漏洞，而智能合约一旦被部署到区块链平台上，就很难修改和升级，这会给使用智能合约的应用系统带来风险。区块链平台本身无法对智能合约的外部输入条件进行检查，需依赖其他的系统提供正确有效的输入条件。例如，保险公司如果使用智能合约来管理重疾险，当被保险人被确诊符合理赔条件的病种时，自动发放理赔款。在区块链平台上，自动执行重疾险智能合约就依赖医疗机构的信息系统来提供相关的诊断记录。如果相关的医疗机构没有接入区块链平台，则保险公司的智能合约也就无法执行了。

区块链技术的应用场景

对于区块链技术的应用前景，人们普遍持有乐观的态度，已在金融、政务和教育等各个领域描绘了各种应用场景。然而，现有的区块链技术并不能完美地解决这些场景中的应用问题。本节中我们首先对区块链技术在教育领域中的应用场景进行分析，然后总结现阶段适合区块链技术的应用场景特点。

教育领域的应用场景分析

关于区块链技术在教育领域的应用，已经有了很多讨论，也有了一些验证性的应用，但总体来说，还是处于早期的探索阶段。本节中我们对其中三个典型的应用场景进行介绍和分析，探讨应用区块链技术的前提条件、价值和局限性。

管理学习记录和证书

采集和管理每个学习者的学习过程、学习成绩和教育证书等数据，有助于对其受教育程度和个人素质水平进行较准确的评价。然而，在教育全球化、个性化教育、素质教育和终身学习等各种教育发展趋势的大背景下，每个人接受教育的途径和学习的内容千差万别，相关数据的来源多种多样，数据的真实性和准确性成为一个问题。利用区块链不可篡改的特性来存储和记录学生的学习数据，提高学习数据的真实性和准确性，解决学历造假等问题，是教育领域中首先被提出的区块链技术应用场景。

按照人们对这个应用场景的描述，教育机构将学生在学习过程中产生的各种数据都保存到区块链平台上，一方面可以保证写入的数据不被篡改，另一方面便于其他人查询和使用这些数据。例如，学校可以将学生的学习成绩保存到区块链平台上；校外培训机构可以将学生参加音乐、美术和体育等素质培训的记录保存到区块链平台上；各种竞赛的组织机构可以将学生参加竞赛的成绩保存到区块链平台上；当我们对学生进行综合评价时，可以通过区块链平台来获得多个来源的真实数据。更进一步来说，我们可以在区块链平台上部署智能合约，当学生的学习记录满足设定的条件时，通过智能合约自动为学生颁发相应的证书。例如，当学生在不同的教育机构参加素质教育活动的记录达标时，为学生颁发素质教育证书。

对这个应用场景进行深入分析后，我们注意到利用区块链技术来实现上述目标还需依赖以下前提条件：

（1）所有教育机构都必须提高信息化水平，能够通过信息化技术来记录学生的学习数据，如学习过程的视频和数字化的考卷等。事实上，很多教育机构目前的信息化水平仍然很低，不能够提供数字化的学习记录。

（2）现有区块链平台的存储数据和处理交易的能力仍然较弱，无法直接存储大量的学习数据，教育机构只能将少量的关键数据和验证数据保存到区块链平台上。大量的原始学习数据还只能保存在教育机构或交由学生自行保管，在使用时通过区块链平台来对数据的真实性进行验证。

（3）只有足够多的教育机构都接入同一个区块链平台时，这个应用场景才有价值。如果不同的教育机构接入不同的区块链平台，就无法形成一个统一的生态系统，在使用时还需要解决跨链的问题。

（4）如果使用比特币或以太坊等公有区块链平台，它们较高的交易手续费会给教育机构带来成本压力；如果使用自建的联盟链系统，就需要教育机构投入精力来参与区块链平台的开发和运维。

综合来看，受限于教育机构的信息化水平和区块链技术的发展水平，现阶段对这个场景进行大规模普及应用的条件还不成熟。目前只有少数有能力的教育机构尝试使用区块链技术来管理关键的学习数据，如第四章中介绍的几所利用区块链技术来签发学位证书的大学。

基于智能合约的教育交易平台

近些年来，在线教育行业快速发展，一大批在线教育企业和平台相继出现，同时教育质量不达标、超额招生、随意涨价、卷款跑路等问题也逐渐显现。人们设想通过区块链技术来实现一个教育交易平台，利用智能合约来管理各种教育交易行为。此外，还有人提出了“学到就是赚到”的构想，即通过数字货币奖励来激励学生参与课程学习。

在这个应用场景中，教育机构通过智能合约来发布课程，在智能合约中约定招生名额、收费标准、质量标准等信息；学生在报名参加课程学习后，将学费以数字货币的形式保存到相应的课程智能合约中；只有当学生完成课程学习并且达到约定的质量标准后，智能合约才会将学费转移给教育机构；在这个交易过程中，如果出现违反约定的情况，智能合约会将学费退还给学生。这样的设计，能够为教育机构和学生双方都提供保障。通过智能合约还可以设立数字货币奖学金，引导学生学习特定的课程，在学生完成学习并且达到设定的标准时，智能合约会自动为学生发放奖学金。

为了实现这样的应用场景，需要解决的问题包括：

（1）由于需要使用区块链平台所发行的数字货币进行结算，数字货币的价值应当保持相对稳定，并且能够被大多数人普遍接受。数字货币的兑换价格暴涨或暴跌，都会影响教育交易市场的稳定性。

（2）使用智能合约来实现复杂的交易行为是一个挑战，一方面教育质量的标准很难在合约中进行约定，另一方面现有的智能合约实现技术尚不成熟。

（3）通过数字货币奖励来激励学生的方式，有可能让学生将关注的重点放在赚取奖励上，反而忽视了课程学习本身；还有可能引发“刷题”“刷分”“刷时间”等不正确的学习行为。

在第四章中，我们介绍了几个使用了区块链技术的典型的在线教育平台。这些平台主要还是使用法定货币进行交易，对数字货币和智能合约的使用仍然处于探索阶段。

教育资源的版权保护

确权管理是区块链技术的一个重要应用场景。教育资源的创作和开发需要大量的投入，而对原创网络课程等教育资源的盗用打击了创作的积极性。基于区块链技术的公开透明、可追溯、不可篡改等特性，构建教育资源版权维护体系，可以保护创作者的知识产权和收益，提高创作者的创作积极性。

在这个应用场景中，教育资源创作者可以将创作过程的数据和相关的版权数据记录到区块链平台上，只有第一个记录者能够成功写入版权数据，后续的复制者或者盗用者都无法成功写入版权数据。同样，教育资源的版权交易也可以记录在区块链平台上，人们可以通过区块链平台来确认当前的版权所有者，从而避免使用盗版的教育资源。

为了实现这样的应用场景，需要解决的问题包括：

（1）区块链平台仅能够保证所记录的数据是公开透明、可追溯和不可篡改的，无法保证数据的真实性，因此我们需要用其他的手段来保证版权的真实性，特别是非数字化教育资源的版权的真实性。

（2）对于数字化的教育资源，由于区块链平台的存储能力有限，因此无法将完整的教育资源内容保存到平台上，只能保存少量的验证数据，如哈希值。但哈希运算具有输入敏感性，只要对数字教育资源做细微改动就可以生成完全不同的验证数据，因此需要用新的确权手段来解决这个问题。

（3）即使区块链平台能够如实地记录教育资源的版权信息，打击盗版行为还是需要在现实中采取法律手段，因此区块链平台上记录的版权数据需要得到法律的认可。

显然，教育资源的版权保护并不是一个单纯的技术问题，区块链只是提供了一种可能的技术手段，并不是一个完整的解决方案。与现实中的版权登记制度相比，区块链平台可能在适用范围和方便性上具有一定优势。

适用场景的特点

面对区块链技术发展的热潮，很多应用系统的开发者都跃跃欲试，急于抢占先机并占领市场。其中不少人并不了解区块链技术的原理，仅仅通过“分布式账本”“去中心化”“不可篡改”“可追溯”等几个关键词就开始臆想应用场景，这完全是为了搭区块链热潮的顺风车。实际上，除了加密数字货币以外，现阶段的区块链技术能够应用的场景十分有限。

作者限于自身贫乏的想象力，决定不对适合的应用场景做过多的描述，但这样的场景应当满足下面两个条件。

具有较高的信息化水平

区块链平台仍然是一个信息系统，其实现技术仅能保证存储在平台上的数据不被篡改，并不能保证平台外数据的真实性。例如，在管理学习记录的场景中，教育机构可以将学习过程的验证数据保存在区块链平台上，区块链平台只能够保证在特定时间点写入的验证数据不被篡改，也不会被后期伪造，而不能保证学习过程数据是真实的。

如果教育机构的信息化水平较高，可以通过视频等形式来记录学习过程，可以提供数字化的考卷和成绩，能够记录学生的出勤情况等，这些数字化的学习过程数据就可以生成验证数据，和区块链平台上保存的数据进行对比验证。如果教育机构的信息化水平较低，根本没有完备的信息系统和数字化的学习过程数据，那区块链平台也就没有用武之地了。

因此，我们在考察一个场景是否适合使用区块链技术时，首先要看相关的业务是否都已经实现了数字化和信息化。

缺少中心化的可信权威机构

区块链平台是一个去中心化的群体共识系统，用于解决缺少可信权威机构场景下的共识问题，或者用于解决可信权威机构本身服务能力不强的问题。例如，在国内学历证书验证的场景中，学信网所依托的教育部学生服务与素质发展中心就是一个可信的权威机构，我们完全不需要区块链平台，可以通过学信网来对国内高校颁发的学历证书进行验证；而在跨国学历证书验证的场景中，缺少一个全球的可信权威机构来提供验证服务，而直接向高校进行验证又过于麻烦，此时高校就可以考虑使用区块链平台来记录证书信息。

在现实的应用场景中，如果存在所有参与者都信任的中心机构，就没有必要使用区块链技术，此时由可信的中心机构来实现一个中心化的信息系统，在效率和成本上要远远优于使用区块链平台。

未来的发展

在经历了十多年的发展后，区块链技术的主要应用场景仍然是加密数字货币领域，虽然已经有一些其他场景将关键数据保存在区块链平台上，但是区块链并没有像云计算等技术一样出现应用的爆发期。时至今日，很多区块链的技术问题仍然无法很好地解决，但影响区块链应用落地的并不仅仅是单纯的技术问题，更重要的因素是生态系统建设。

当周围的人都在谈论比特币的价格暴涨时，冷静地预测区块链技术的未来发展不是一件容易的事情。虽然我们不断地强调加密数字货币和区块链技术不是一回事，只是区块链技术的一个应用场景，但到底有多少人能区分清楚呢？对于区块链技术的未来发展，我们能够确定的大概只有两个方面。

依托加密数字货币不断发展

由于加密数字货币已经被很多人所接受，不少国家的政府也开始关注和接受其作为合法的货币，并且加密数字货币交易市场已经具备了一定的规模，因此我们相信加密数字货币将会长期存在。作为加密数字货币发行和交易的支撑技术，区块链技术也一定会受到人们的长期关注，并且会随着数字货币价格的波动而不断被人提起。

现有信息技术的补充

随着信息和通信技术的发展，现实社会的数字化水平会越来越高，大量的数据会被产生和处理，人们对于性能和效率的追求也会越来越高。一个基本的常识是，当信息系统的中心化程度提高时，其决策和处理的效率会提高，但可靠性和稳定性会降低；反过来，随着系统的去中心化，其决策和处理的效率就会降低，但可靠性和稳定性会提升。从这个意义上来说，去中心化的区块链技术并不能取代现有的信息技术。大多数时候，我们还是需要中心化的系统，区块链技术仅仅是现有信息技术的一个补充，提供了一种新的授权或信任模式。